COMMUNIQUER

avec votre adolescent

Debra Hapenny Ciavola, Ph D

COMMUNIQUER

avec votre adolescent

97-B, Montée des Bouleaux, Saint-Constant, Qc, Canada J5A 1A9
Tél.: 450-638-3338   Téléc.: 450-638-4338
Internet: www.broquet.qc.ca   Courriel: info@broquet.qc.ca

Catalogage avant publication de Bibliothèque et Archives nationales du Québec et Bibliothèque et Archives Canada

Ciavola, Debra Susan Hapenny

Communiquer avec votre adolescent

(Guide de survie)

Traduction de: 50 great tips, tricks & techniques to connect with your teen.

ISBN 978-2-89000-968-4

1. Parents et adolescents. 2. Communication dans la famille. 3. Adolescents - Psychologie. I. Titre. II. Titre: Cinquante conseils pour communiquer avec votre adolescent. III. Collection: Guide de survie (Saint-Constant, Québec).

HQ799.15.C5214 2008   306.874   C2008-940682-6

POUR L'AIDE À LA RÉALISATION DE SON PROGRAMME ÉDITORIAL, L'ÉDITEUR REMERCIE :

Le gouvernement du Canada par l'entremise du Programme d'aide au développement de l'industrie de l'édition (PADIÉ) ; la Société de développement des entreprises culturelles (SODEC) ; l'Association pour l'exportation du livre canadien (AELC).

Le gouvernement du Québec – Programme de crédit d'impôt pour l'édition de livres – Gestion SODEC.

Titre original : *50 great tips, tricks & techniques to connect with your teen* par New Harbinger Publications, Inc.

Copyright © 2003 Debra Hapenny Ciavola

Copyright © Broquet inc., Ottawa 2008
Dépôt légal — Bibliothèque nationale du Québec
2ᵉ trimestre 2008

Traduction Patricia Ross
Révision Marcel Broquet
Infographie Sandra Martel

Imprimé au Canada

ISBN 978-2-89000-968-4

Table des matières

Votre adolescent, lui,
à quoi pense-t-il vraiment ?

Appréciez votre adolescent

Son premier enfant avait six mois lorsque Jeanne tomba sur un article de magazine sur l'éducation disant qu'une mère devait « profiter » d'un bébé de cet âge. Même si Jeanne adorait sa fille et passait des heures à lui sourire et à jouer avec elle, elle n'avait jamais pensé à profiter du plaisir simple de vivre avec un tel trésor. Il se produit la même chose lorsque votre enfant atteint l'adolescence. Vous adorez votre adolescent et vous consacrez beaucoup d'énergie à le guider. L'heure est venue de prendre plaisir à voir s'épanouir l'admirable personne que vous avez élevée pendant toutes ces années.

Il est merveilleux d'observer votre adolescent explorer le monde, essayer différents rôles et manifester son sens de l'humour – même la façon dont certaines de ses blagues tombent à plat peut provoquer des éclats de rire des plus réjouissants. Sa chambre est en désordre et sa musique joue à tue-tête. À certains moments, vous vous dites que vous n'êtes pas en train d'élever un ado, mais un fauve.

Aussi déjantée que cette période puisse paraître, remarquez les qualités de votre adolescent et répétez-les-lui chaque jour. Vous pouvez lui dire « J'adore ta façon de rire » ou « Tu sais toujours trouver du temps pour tes amis quand ils ont besoin de toi. » À mesure que votre enfant découvre sa place dans le monde, vous pouvez l'aider à atteindre le sommet de son potentiel. Même si votre horaire est chargé, trouvez du temps pour amener votre adolescent au restaurant, faire des courses ou même promener le chien. Découvrez ses espoirs et ses rêves. Stimulez son imagination en lui disant quelque chose comme «Tu aimes vraiment l'histoire. Te verrais-tu en train de te spécialiser sur le passé après tes études ?» Il peut ne s'être jamais projeté aussi loin dans l'avenir jusqu'à ce que vous fassiez le lien entre son amour de l'histoire et le travail lié à la muséologie, à l'archéologie ou même à l'exploration de l'ascendance familiale.

À ce stade, votre adolescent peut même ne pas vouloir entendre parler d'histoire. Peut-être est-il concentré sur la voie à suivre pour devenir une rock star. Ne faites pas les gros yeux et ne commentez pas. Suivez le cours de la conversation et amenez votre adolescent à s'ouvrir en lui répétant quelques-uns de ses propres mots afin de lui faire savoir que vous comprenez son langage. «Ça alors, tu y a vraiment pensé. Tu veux être une rock star et voyager partout dans le pays.» Par les pensées spontanées que votre enfant vous livre, vous pouvez saisir ses rêves et ses désirs au passage. Ces échanges vous rapprochent de lui et vous donnent le loisir de célébrer sa vie. Bien que ce qui le fascine puisse ne rien à voir avec ce qu'il deviendra dans le futur, ses rêveries sont révélatrices de nombreuses possibilités.

Commencez à voir les découvertes que fait votre enfant comme de véritables avancées. Tout comme il cherchait, bébé, à toucher tout ce qui se trouvait sur son passage, votre adolescent est encore en train de dominer son univers. De temps à autre, laissez-le tenir le rôle du professeur et tenez vous-même celui de l'élève. Demandez-lui de vous faire connaître ce qu'il est en train d'étudier en classe et laissez-le exprimer son plaisir d'apprendre quelque chose de nouveau. Concentrez-vous sur ce qu'il réussit bien et encouragez-le à continuer à s'améliorer. Si votre adolescent est aimable avec un ami qui a de la difficulté, complimentez-le sur sa capacité d'avoir une bonne écoute. Lorsqu'il va voir son professeur pour obtenir des explications supplémentaires sur un sujet donné, applaudissez son initiative. Même si votre adolescent n'occupe pas la position souhaitée dans une équipe sportive ou n'obtient pas le résultat convoité dans un jeu, reconnaissez le courage qu'il a à tenter sa chance alors que tant d'autres ne s'y risquent même pas.

Il y a tant de plaisir à voir se développer un adolescent. Admirez ses aventures, riez de ses bêtises avec ses amis ou partagez son excitation lorsqu'il se précipite à un événement. Votre adolescent évolue et se découvre des buts dans la vie. Le processus peut vous sembler essoufflant, mais ces années passeront vite. Vous verrez votre adolescent se développer, explorer, révéler tout ce qu'il désire être, puis vous constaterez plus tard ce qu'il sera devenu. Il ne faut pas manquer ça !

C'est une période extraordinaire de votre vie. Pour rester en relation profonde avec votre adolescent maintenant et pour toujours, sachez apprécier cet être étonnant.

Le mystère émergent

Prendre des risques, oublier d'étudier en vue d'un examen ou parler au téléphone jusqu'à des heures impossibles, même s'il va à l'école le lendemain : reconnaissez-vous là votre adolescent ?

Pendant des années, les parents et les scientifiques ont imputé aux hormones le comportement à risque et le manque de jugement des adolescents. Grâce à des études plus poussées et aux avancées de la technologie, le monde médical a découvert que ces comportements ne sont pas causés par les fluctuations hormonales, mais par le processus de maturation du cerveau adolescent, qui doit se développer plus avant pour être prêt à relever les défis de la vie d'adulte. Bien que le cerveau de l'adolescent se compose de nombreuses parties distinctes, la dernière zone du cerveau à se développer entièrement est celle qui stabilise les émotions et commande la capacité de prendre de sages décisions. C'est pourquoi vous pouvez constater que votre adolescent a de la difficulté à décider s'il devrait faire ses devoirs, téléphoner à un ami ou aller faire des courses.

Comme pour un ordinateur, le câblage de votre enfant doit être installé et le logiciel téléchargé. Cela s'accomplit par la croissance des milliards de cellules nerveuses, qui augmentent l'intelligence, la perspicacité et la conscience que l'on a de soi et des autres. À mesure que votre enfant avance dans son adolescence, la qualité de ses expériences déterminera lesquelles de ces cellules nerveuses seront éliminées et lesquelles seront conservées. Que votre adolescent soit engagé dans des activités sportives et scolaires ou dans des projets spéciaux, il fera des choix en fonction de ce « câblage ». Il décidera, par exemple, s'il termine ses études ou s'il accepte un emploi qui peut le stimuler au quotidien. Si votre adolescent reste assis constamment devant la télé ou joue à des jeux vidéo pendant des heures, ces cellules seront celles qui décideront s'il va à l'université, s'engage dans la communauté ou reste motivé. La manière dont votre adolescent interagit avec son environnement affectera la manière dont il se comportera pour le reste de sa vie.

Votre adolescent a le pouvoir de déterminer le développement de son propre cerveau en choisissant des activités qui stimulent son intelligence et affine sa pensée critique. Vous pouvez l'aider à devenir la personne qu'il rêve d'être en faisant un effort conscient pour créer des situations stimulantes pour lui.

Faites un effort conscient quotidien pour motiver votre adolescent et lui montrer qu'il peut croire en ce qu'il est en train de devenir. Ces sentiments positifs l'aideront à apprendre, à grandir et à retenir les cellules nerveuses nécessaires pour réussir.

POUR AIDER VOTRE ADOLESCENT À ENTRAÎNER SON CERVEAU DANS LA BONNE DIRECTION, ESSAYEZ QUELQUES-UNES DES SUGGESTIONS SUIVANTES :

- exigez de lui qu'il participe à un sport ou qu'il s'entraîne au gymnase trois fois par semaine pendant quarante-cinq minutes ;
- amenez-le au musée, à l'aquarium et même au jardin zoologique ;
- visionnez avec lui un film étranger ;
- jouez avec lui à des jeux de stratégie tels que les échecs ou les dames ;
- passez quelques heures par mois avec lui dans une librairie ;
- prenez plaisir à jouer au bridge ou à des jeux de cartes complexes ;
- amenez-le visiter des sites historiques.

3

Voyage au cœur de votre adolescent

« Qui est cet enfant » vous demandez-vous parfois lorsque votre adolescent vous répond d'un ton brusque et irritant. Comment cet enfant qui naguère rampait joyeusement et s'assoyait sur vos genoux pour se faire raconter une histoire a-t-il pu devenir un adolescent explosif aux émotions fluctuantes ? Étonnamment, votre adolescent est simplement aussi confus que vous !

Votre adolescent vit des changements à la fois internes et externes. Jusqu'à l'âge de onze ans, votre fils ou votre fille avait un taux équilibré d'œstrogènes et de testostérone. Au début de la puberté, ces taux hormonaux changent et se traduisent par une augmentation considérable de la testostérone chez votre fils et une élimination presque totale de cette hormone chez votre fille. Cette dernière, en revanche, verra ses taux d'œstrogènes atteindre des sommets, ce qui signifie qu'elle pleurera plus facilement qu'auparavant.

À ce jour, vous avez aussi noté d'autres changements. La chambre de votre adolescent ressemble probablement au chaos que vous ressentez vous-même. À peine quelques mois après avoir peint les murs de sa chambre d'une certaine couleur, voilà que votre enfant veut tout repeindre à neuf. Des photos et des affiches de vedettes rock, de héros sportifs ou d'idoles du cinéma tapissent le moindre espace sur les murs et les vêtements propres côtoient les vêtements sales sur le plancher. Votre adolescent veut que vous respectiez son espace personnel et peut se montrer des plus désagréables si quelque chose y est déplacé ou rangé. Des portes claquent, des corvées sont oubliées et, lorsque vous et votre enfant êtes confinés dans la voiture, de la musique à vous rendre fou vous est imposée. Votre facture d'épicerie double, vous trouvez votre enfant encore en train de dormir passé midi et vous avez toutes les misères du monde à lui décrocher l'oreille du téléphone. Les heures qu'il passe devant le miroir n'ont rien pour le rassurer sur le fait que personne à l'école ne verra le gros bouton qui fleurit sur son menton. Souvent il se sent comme un étranger dans son propre corps.

La matière scolaire se complexifie et vous découvrez bientôt que vous ne pouvez plus aider votre enfant à faire ses devoirs. Votre adolescent s'inquiète des changements physiques qu'il constate; il prend des douches interminables pendant que sa musique joue à tue-tête; il pense beaucoup à l'autre sexe. La malbouffe est devenue un groupe alimentaire en soi et la pizza est une denrée de base à consommer à deux heures du matin. Vous ne savez jamais si vous êtes dans le coup ou à côté de la plaque, mais quand votre adolescent a besoin de vous, c'est immédiatement et même avant, si possible.

Trop tôt votre enfant partira de la maison et votre foyer deviendra des plus tranquilles. Vous ne pouvez pas prévoir tout ce que votre adolescent vivra, mais vous pouvez essayer de prendre vraiment plaisir à le voir cheminer. Voici quelques suggestions pour vous faciliter les choses :

- respectez le besoin d'espace et d'intimité de votre adolescent ;
- laissez sa chambre être l'expression de ce qu'il est ;
- établissez des limites sur le temps passé au téléphone ;
- soyez juste et exigez la même chose de vos filles et de vos fils ;
- essayez de ne pas embarrasser votre adolescent en présence de ses amis ;
- sortez vos vieux disques des Beatles ou des Monkees et faites-les-lui écouter ;
- racontez-lui des anecdotes amusantes sur votre propre adolescence.

Une journée dans la vie de votre adolescent

VOICI UNE JOURNÉE TYPIQUE DE LORRAINE, 16 ANS.

6 h 20 – Je jette un œil au réveille-matin. Une autre journée avec les mêmes vieilles rengaines.

6 h 25 – Dans la salle de bains. C'est mon heure. Je pense à tout sous la douche, de ce que je vais porter à ce que des gens m'ont dit la veille. Je pense au devoir que je devrai faire pendant l'heure du dîner parce que j'étais trop fatiguée pour le faire hier soir. Alors, ne me dérangez pas quand je suis sous la douche. De toute façon, je n'entendrais pas votre voix par-dessus mon CD qui joue.

7 h 00 – Je suis devant ma garde-robe et je décide finalement de ce que je vais porter après 15 minutes passée à regarder mes vêtements. Puis c'est le maquillage. Honnêtement, je déteste le maquillage. Qui sait pourquoi on se maquille ? Je suppose que ça me donne confiance en moi.

7 h 40 – Super : après quarante minutes de préparation épuisante, je vais être en retard.

7 h 50 – J'arrive à l'école juste à temps pour passer à mon casier et rencontrer Karine avant d'aller au cours de français. Karine a l'air triste ce matin. Elle me raconte pourquoi et je lui dis qu'elle a toutes les raisons de l'être.

9 h 05 – Troisième période : chimie. Ah non. J'ai laissé mon sarrau dans mon casier. J'espère que le prof ne va pas me mettre en retenue. Je vais me glisser dans la classe et m'asseoir sans me faire remarquer et je n'aurai pas de problème. OK, ça a passé. Stupides règlements d'habillement. On fait des problèmes au tableau blanc. Je bavarde avec Mathieu et Charles pendant toute le période. Ma pauvre partenaire de laboratoire se sent délaissée.

10 h 30 – Maths. Croyez-moi : j'ai les professeurs les plus bizarres qui soient. On est là à rire de ses chaussures vert pomme et son « 1..., 2..., 3..., chapeaux bas ! » C'est le prof le plus tordant.

11 h 20 – J'attends Marina et nous nous plaignons de tout.

11 h 25 – Ça ne me tente pas d'aller à la répétition d'orchestre. Encore une semaine et la saison sera terminée. J'ai hâte ! J'aurai mes vendredis et mes samedis libres. Super. Je me rends à la salle de répétition. Aujourd'hui ça ne s'est pas très bien passé. Mon ami Hugo et moi nous nous sommes querellés. J'ai gagné, naturellement.

1 h 05 – Histoire. Je déteste royalement ce cours. Pendant que nous écoutons le film Glory, je bavarde avec mes amies. Christine et moi draguons Martin, qui rougit.

2 h 00 – Cette enseignante déteste sérieusement notre groupe. Charles et moi pensons qu'elle picole, parce qu'elle a toujours l'air d'être complètement déboussolée. On s'amuse tellement dans cette classe. Je n'y ai rien fait aujourd'hui. On fait tellement enrager notre prof. Mon planificateur est rempli de jeux vraiment bizarres de bonhomme pendu et la couverture de mon livre est pleine de graffitis écrits au hasard. Je me suis assise à côté de Charles parce que (surprise, surprise !) il n'avait pas son livre. Nous sommes censés lire, mais nous restons là à parler tout le temps. Enfin, la cloche sonne.

3 h 15 – Répétition d'orchestre. La répétition a été longue et nous avons dû mettre les bouchées doubles. On s'en serait bien tirés si les cymbales ne s'étaient pas brisées. Après la répétition, on a mis encore vingt minutes à tout descendre en bas de la colline et à tout rapporter dans la salle de répétition.

6 h 00 – J'arrive finalement à la maison et je soupe. Je commence mes devoirs et une heure plus tard, David m'appelle. Nous parlons pendant environ vingt minutes et je

retourne à ma pile de devoirs. Je finis à 10 h et me prépare à me mettre au lit.

L'alarme du réveille-matin me fait recommencer ma vie répétitive jour après jour. Pour ma part, je pense que les réveille-matin ne devraient pas exister. Pensée du jour : avez-vous déjà remarqué que les pannes d'électricité se produisent toujours pendant la journée, ce qui vous permet de régler de nouveau votre réveille-matin, mais ne se produisent jamais pendant la nuit? Je pense que c'est une conspiration.

Apprenez à décoder les signaux

Un jour ou l'autre, tous les adolescents se livrent à des comportements qui causent de l'inquiétude. La plupart de ces comportements perturbants sont temporaires et ne durent que quelques jours ou une semaine tout au plus. S'ils perdurent, maintenez les canaux de communication ouverts afin que votre adolescent se sente à l'aise de venir vers vous s'il a besoin d'aide.

Joanie avait quinze ans lorsque sa mère et son père ont commencé à remarquer qu'après la classe, elle passait la plus grande partie de la soirée dans sa chambre. Elle descendait pour manger, mais pignochait dans son assiette, même lorsque ses plats préférés étaient au menu. Ses amis téléphonaient, mais Joanie préférait rester à la maison à faire jouer la même musique sans arrêt. Un jour, après le départ de Joanie pour l'école, sa mère décida de faire du rangement dans sa chambre, espérant trouver un indice susceptible de l'éclairer sur le changement de comportement de sa fille. En se redressant, elle remarqua une note glissée entre quelques-uns des CD préférés de Joanie. Il y était écrit : « La vie pue. Je me fous de ce qui arrive. »

De nombreux parents estiment que la chambre de leur enfant est un lieu privé, mais si votre enfant vous cause de l'inquiétude, dites-vous bien qu'à l'impossible nul n'est tenu. Votre première responsabilité consiste à assurer le bien-être de votre adolescent, ce qui peut signifier qu'il vous faille garder un œil sur son espace personnel. La plupart des comportements de votre adolescent ne sont pas un sujet d'inquiétude, même si vous voulez toujours vérifier les sites Internet qu'il a visités ou savoir avec qui il se tient. Passez en revue ce qu'il regarde à la télévision ou au cinéma, aussi bien que ce qu'il lit ou ce qu'il écoute.

Puisque les émotions font partie intégrante du corps, le langage corporel est une clé maîtresse pour comprendre les pensées de votre adolescent. Regardez comment votre enfant maintient ses épaules, à quel endroit il pose le regard et comment il monte les escaliers. La posture d'une personne représente son espace physique et reflète ce qui se passe dans son for intérieur.

Acceptez d'abord l'hypothèse que votre adolescent se porte bien, mais qu'il a besoin d'un surcroît de sommeil ou d'une vie plus équilibrée. Si votre adolescent continue à vous alerter par son isolement et son sentiment de frustration à fleur de peau, soyez vigilant. Soyez attentif aux changements dans son comportement et profitez d'un moment tranquille pour lui parler de vos préoccupations. Gardez toujours l'espoir que cette sonnette d'alarme que vous entendez n'est pas un réel cri de détresse, mais la manifestation d'un besoin de rapprochement et de communication.

Les comportements suivants vous sembleront étranges de prime abord, mais peuvent vraiment être considérés comme des « signaux de bonne santé ».

- Votre adolescent passe le plus clair de son temps dans sa chambre, au téléphone ou à écouter de la musique.
- Il a un appétit vorace pour la malbouffe et saute parfois des repas à la maison.
- Il dort jusqu'à midi après s'être couché très tard la veille.
- Il a des sautes d'humeur en corrélation directe entre son manque de sommeil et sa faible tolérance à la frustration.
- Il met à profit ses compétences croissantes en résolution de problèmes en discutant et en défiant vos décisions.

SI VOTRE ADOLESCENT PRÉSENTE PLUS QUE TROIS DE CES SIGNAUX PRÉOCCUPANTS, RECHERCHEZ DE L'AIDE PROFESSIONNELLE.

- Gain ou perte de poids de 4,5 kilos (10 livres) ou plus
- Difficulté à trouver le sommeil ou trop de sommeil
- Changements rapides d'humeur se produisant quotidiennement
- Isolement des amis et de la famille
- Recul de un ou de deux niveaux scolaires en un semestre

Misez sur le sens de la justice de votre adolescent

« Ce n'est pas juste ! » hurle votre adolescent en claquant la porte de sa chambre. Vous venez tout juste de finir de lui expliquer pourquoi il doit rentrer du bal de fin d'année à temps pour l'heure du couvre-feu établi. « Les parents de tous les autres vont leur permettre de rentrer à minuit ! » vocifère-t-il de sa chambre.

Lorsqu'il n'était encore qu'un bambin, votre enfant avait déjà un sens aigu de ce qui est correct et juste. « Maman, Jean a eu un plus gros morceau de gâteau que moi. » « Alice a la permission d'être dans l'équipe alors qu'elle ne vient même pas aux séances d'entraînement. » Ce sens vient d'une conscience innée de la différence entre les besoins et les désirs. Il y a une distinction à faire entre « j'ai besoin d'être entendu » et « je veux de nouvelles baskets ». Cependant, cela demeure important de tenir compte du tollé de votre adolescent lorsqu'il crie à l'injustice. Lorsqu'il déclare que « les parents de tous les autres vont leur permettre de rentrer à minuit », son message fondamental peut être « j'ai besoin d'un couvre-feu plus tardif pour que je puisse faire partie de ce groupe d'amis ».

En étant prévisible, vous marquez votre impartialité. Dans des circonstances similaires, êtes-vous constant dans vos exigences et vos demandes à l'égard du comportement de votre adolescent ? L'inconstance perturbe le sens de la justice de votre enfant et est un puissant renforcement qui l'encourage à présenter ses requêtes avec insistance jusqu'à ce qu'il obtienne ce qu'il veut. Cependant, il est important de se rappeler qu'être juste ne signifie pas nécessairement être égal. Tous les enfants de la maisonnée n'iront pas se coucher à la même heure et n'auront pas les mêmes privilèges pour conduire la voiture.

Votre adolescent a besoin de savoir que ce qu'on lui demande, on le demande aussi aux autres. Commencez par réunir la famille entière pour décider de ce qui sera considéré comme juste dans votre maison. Décrivez le défi à relever en essayant de maintenir des attentes constantes ; proposez quelques suggestions qui préserveront la paix dans la maison. Ayez, par exemple, les mêmes règlements pour toute la maisonnée.

Par nature, nous sommes rompus à ce qui est juste et honnête. Cultiver un sens de l'équité peut être une manière de soupeser le monde à travers les lentilles du bien et du mal. Être juste, c'est être impartial et honnête. Un adolescent dit à son père : « Écoute-moi, papa. Je veux seulement te donner mon point de vue. Après tout, je t'ai écouté quand tu as voulu me dire quelque chose. » Le père a pensé à ces paroles pendant quelques jours, puis est revenu sur le sujet. « J'ai pensé à ce que tu m'as dit l'autre jour, Pierre.

Je te demande de m'écouter, mais je ne t'écoute pas toujours et ce n'est pas juste. Je vais travailler là-dessus.» L'équité insuffle un sentiment de sécurité et de respect dans votre relation sans pour autant inciter votre adolescent à manœuvrer pour avoir le dessus sur vous. Elle comporte aussi une légèreté compatissante et chaleureuse qui donne à votre adolescent l'impression de mieux comprendre.

SERVEZ-VOUS DES QUESTIONS SUIVANTES POUR VÉRIFIER VOTRE DEGRÉ D'ÉQUITÉ.

- Voyez-vous les deux côtés de la médaille ?
- Vos règles et vos réactions sont-elles prévisibles ?
- Demandez-vous à votre adolescent de vous écouter sans l'écouter à votre tour ?
- Êtes-vous constant ?
- Chaque question d'injustice est-elle abordée et traitée avec justice ?

À travers l'équité, vous offrez à votre adolescent un environnement sûr et vous lui fournissez un exemple à partir duquel il peut mesurer son comportement. Plus important encore : votre équité lui fait savoir qu'il peut compter sur vous pour confirmer ce qui est juste et équitable.

7

Réduisez l'influence des amis peu recommandables

Marie a entendu son fils, Dylan, dire à son ami au téléphone : « Ça va être un super party. Les parents ne seront pas à la maison. À quelle heure veux-tu que j'aille te chercher ? » Dans son for intérieur, Marie frissonnait à l'idée que son fils ait pu avoir des ennuis. Il lui semblait que chaque mois, Dylan s'éloignait de plus en plus des valeurs, croyances et attentes de la famille pour se rapprocher du mode de vie de ses amis. Marie s'est armée de courage devant la confrontation imminente et est entrée dans la chambre de son fils.

Les amitiés de votre adolescent sont essentielles pour de nombreuses raisons. Elles l'aident à former son identité, dressent les étapes pour lui apprendre à établir les limites et les frontières avec autrui, et lui enseignent le respect et la compassion aussi bien que l'intimité émotionnelle. Peut-être constatez-vous que vous êtes un peu inquiet au sujet de l'importance que votre adolescent accorde à ces amitiés parce que vous avez peur que ses amis l'amènent à s'esquiver de ses responsabilités, à commettre des bêtises et à causer des conflits à la maison. Cependant, ses interactions avec ses amis lui servent de pont qui lui permet de passer des jeux de balle dans le parc aux jeux de communication interpersonnelle avec les adultes à la maison, au travail et dans toutes les situations sociales.

Votre adolescent a des meilleurs amis, des amis proches et des connaissances. Il est aussi membre d'une bande où même de plusieurs bandes d'adolescents dans une variété de « cliques ». Appartenir à un groupe est essentiel au bien-être de votre adolescent et déterminera s'il se sent accepté par ses pairs ou rejeté.

Vous pouvez y faire une différence. Une communication étroite avec votre adolescent est dix fois plus puissante que l'influence de ses amis. Plus l'attachement que vous porte votre enfant sera solide, plus celui-ci saura faire les bons choix face à autrui. Lorsque votre adolescent croit que vous vous souciez de lui et que vous faites tout ce que vous pouvez pour maintenir le lien, les risques qu'il ne s'engage dans des comportements qui vous affligeraient sont réduits.

Pour contrer l'influence des mauvaises amitiés, établissez une relation positive avec votre adolescent en faisant en sorte de n'être jamais trop occupé pour dialoguer. Demandez-lui quels cours il préfère et à qui il parle entre les cours. Ses réponses vous donneront un aperçu de sa vie et des personnes vers qui il est attiré sur le plan amical. Rendez votre foyer invitant pour ses amis en y aménageant de l'espace, en les laissant s'y divertir et en leur fournissant des collations et des amuse-gueules. Cultivez des relations avec les parents de ses amis. Ils peuvent accessoirement vous aider à créer une parité dans les règles auxquelles votre adolescent est soumis aussi bien à la maison que chez les amis en question, afin de réduire les causes de conflits et de faire régner la bonne entente. Augmentez le cercle d'amis de votre adolescent en incluant dans leurs activités certains de vos propres amis adultes ou membres de votre famille étendue. Souvent les adolescents qui réussissent le mieux comptent dans leur entourage des amis de leurs parents qui les font rire, leur racontent des souvenirs et s'intéressent à ce qui leur arrive.

Rappelez à votre adolescent qu'il a toujours pensé par lui-même et a toujours été fidèle à ses propres valeurs, sans égard aux choix de ses amis. Enseignez-lui à mieux lire les réactions de ses amis en reconnaissant les expressions faciales ; encouragez-le à sourire davantage, particulièrement lorsqu'il établit des limites auprès de ses amis. Soyez clair sur vos valeurs et récompensez la compassion et la considération.

8

Élargissez les horizons de votre adolescent sans sacrifier les meubles

Sandrine était sûre qu'elle voulait être une vétérinaire lorsqu'elle serait adulte. Elle avait élevé beaucoup d'animaux de compagnie, y compris des serpents, des tortues, des cochons d'Inde, des souris, des oiseaux, des chats et des chiens. Son père a appelé le vétérinaire pour lui demander s'il était possible que Sandrine passe une journée à la clinique avec lui. Après avoir passé huit heures à soigner les animaux, elle décida qu'elle voulait poursuivre une carrière dans le domaine médical. Avec l'aide de son père, Sandrine a examiné et révisé ses choix de cours de fin de cycle pour y inclure un nombre accru de cours de science et de mathématiques. Elle s'est jointe à une ligue de futurs médecins et a trouvé un travail à temps partiel dans une maison de soins infirmiers. Sandrine acquérait l'expérience et suivait les cours qui lui permettaient de concrétiser son rêve.

Dans le meilleur des mondes, certaines étapes peuvent progressivement évoluer dès le début de ses études postsecondaires dans le sens des aspirations de votre adolescent. Si tel n'est pas le cas, il n'est jamais trop tard pour évaluer ce que votre adolescent doit accomplir pour se rendre à l'université ou pour entreprendre la carrière de son choix. Demandez-lui de vous décrire le métier idéal pour lui et de vous expliquer comment ce travail contribuerait à faire son bonheur. Incluez des questions telles que « Combien d'heures par semaine aimerais-tu travailler ? » ou « Quels revenus espères-tu avoir ? » Racontez-lui pourquoi vous avez changé d'emploi ou de carrière, et confiez-lui ce que vous feriez différemment si vous pouviez recommencer. Expliquez-lui, au hasard de la discussion, comment vous avez appris à vous fixer des buts et l'effort que vous avez dû y mettre pour les atteindre.

Il peut être plaisant d'aider votre adolescent à faire des choix de cours judicieux au début de ses années d'études collégiales. Une fois que vos discussions sur les buts à atteindre ont porté leurs fruits, passez en revue les options qui s'offrent à lui. Explorez avec lui les conditions nécessaires pour entreprendre la carrière de son choix. Vous pouvez le faire en parlant à des personnes qui pratiquent la profession, en faisant des recherches sur le Web ou à la bibliothèque. Peut-être votre adolescent a-t-il décidé de renoncer à l'université et d'aller dans une école de métiers. Quels sont les préalables pour y être admis ? Qu'il opte pour l'université ou l'école de métiers, votre adolescent devra choisir au secondaire des cours exigeants qui le prépareront à compléter sa formation.

À l'approche des études universitaires, aidez-le à découvrir s'il aimerait étudier dans une université locale ou dans une autre région. Amenez-le à réfléchir sur la taille de l'école qu'il aimerait fréquenter et sur les avantages de chaque école. Quelle moyenne de notes ces universités exigent-elles ? Afin que votre adolescent puisse montrer aux universités qu'il est sérieux, assurez-vous qu'il continue à suivre des cours difficiles jusqu'à la fin du premier cycle et qu'il affirme son leadership au sein de la communauté dans des activités extrascolaires ou de bénévolat.

Le temps que vous passez avec votre adolescent à vous renseigner sur les différents métiers, les universités et les cours, enrichira votre relation. En créant un intérêt commun, vous pouvez explorer avec votre enfant des perspectives de carrière et travailler en équipe plutôt que d'avoir le sentiment de lui imposer votre opinion. Cela aidera aussi votre adolescent à s'investir davantage dans le processus et facilitera sa transition du secondaire à son futur collège ou à sa future carrière.

VOICI QUELQUES CONSEILS QUI VOUS AIDERONT À COMMENCER.

- Créez un plan de la vie comportant des objectifs à court terme et à long terme.

- Proposez à votre adolescent de passer certains tests d'évaluation de carrière disponibles gratuitement sur le Web.

- Permettez-lui de s'inscrire à un cours préparatoire et d'utiliser des logiciels ou des services de soutien.

- Explorez l'aide financière disponible et les bourses offertes au début des études postsecondaires.

- Si vous le pouvez, visitez au moins trois collèges.

- Parlez-lui des stages en entreprise et des occasions de bénévolat qui permettent d'explorer différents domaines.

Choisir avant d'aimer

Votre adolescent explore le monde excitant et sans doute inti-
midant des premiers rendez-vous amoureux. Pour reconnaître
les personnes qui ajouteront à la vie de votre adolescent, vous
devez maintenir un dialogue continu avec lui afin de lui offrir votre
perspicacité et votre compréhension. Vous pouvez communiquer
avec votre adolescent en lui révélant le b.a.-ba d'un rendez-vous
réussi et agréable, ce qui l'aidera à s'assurer la maîtrise de cette
compétence essentielle.

Sortir avec quelqu'un est une compétence sociale saine qui développe la confiance et l'intimité. Vous pouvez préparer votre adolescent à avoir des rendez-vous amoureux en l'encourageant à
commencer par établir une relation d'amitié avec quelqu'un et
en lui montrant à faire la différence entre un béguin et l'amour
avec un grand A. Comment votre adolescente peut-elle savoir si
le prétendant est un tombeur ? Jadis, les adolescents se donnaient
des rendez-vous, s'engageaient amoureusement, puis rompaient.
De nos jours, les adolescents s'assemblent sans même se fréquenter. En apprenant à connaître réellement cette personne de l'autre
sexe, votre adolescent peut découvrir si cette amitié pourrait ou
devrait devenir une idylle.

9

Établir des amitiés avec le sexe opposé en fréquentant des groupes est une bonne façon d'apprendre la dynamique de base des rendez-vous amoureux. Cela aide votre adolescent à engager des conversations sans se sentir obligé d'impressionner ou de se transformer en caméléon. Pour ce faire, votre adolescent peut sortir en groupe, puis rencontrer deux personnes à la fois, puis enfin sortir en tête-à-tête.

Peut-être êtes-vous préoccupé à l'idée que votre adolescent se dit en lui-même qu'il n'est pas aussi bien que la personne avec laquelle il veut sortir. Émilie a calmement annoncé à sa mère : « Un garçon m'a demandé de sortir aujourd'hui. Je ne pense pas que tu vas l'aimer. » D'une voix ferme, sa mère lui a demandé pourquoi. « Bien, il a une moto, des piercings et un tas de petites amies. » Faisant une pause, la mère d'Émilie a regardé sa fille droit dans les yeux. « Oh, Émilie, est-ce là tout ce que tu crois valoir ? » Laissez savoir à votre adolescent qu'il attirera des relations amoureuses saines s'il est à l'aise avec lui-même et s'il porte en lui une joie de vivre.

Rendez service à votre adolescent en lui faisant prendre conscience des principes sous-jacents aux rendez-vous amoureux : il est importance de sortir avec différentes personnes pour découvrir ses propres besoins et désirs dans une relation à deux ; il est important de fréquenter quelqu'un parce qu'on l'apprécie en tant que personne et non pas parce que ça nous rend plus populaires. Attendez-vous à un malaise considérable lorsque vous aborderez la question des comportements que vous jugez acceptables lors d'un premier rendez-vous. Doivent-ils s'embrasser ou non ? À quel endroit devraient-ils aller ? Combien de temps le rendez-vous devrait-il durer ? Que faire si l'adolescent se sent bousculé ? En outre, rappelez-lui que tout ce qui se passera au cours d'un rendez-vous amoureux deviendra très probablement public dans le milieu adolescent.

Comment savoir quand votre adolescent est assez vieux pour sortir avec quelqu'un ? Trois critères principaux sont à considérer : votre adolescent devrait déjà avoir des amis du sexe opposé et être en mesure de se tenir à distance raisonnable de ces amis ; au cours de la dernière année, il a participé à une variété d'activités dans des groupes de plus de trois personnes ; il sait se sortir d'une mauvaise situation.

Faites comprendre à votre adolescent que les meilleurs rendez-vous sont ceux où il peut demeurer lui-même, rire aux éclats et se sentir libre de toute pression. Lorsque votre adolescent est heureux dans la vie, il attire comme un aimant des gens qui, comme lui, apprécient la vie.

Voici des choses amusantes à faire lors d'un rendez-vous.

- Aller jouer avec les animaux dans une animalerie.
- Faire griller des guimauves sur un barbecue.
- Aller au parc se lancer un Frisbee.
- Se faire photographier dans un photomaton.
- Descendre une glissade géante.
- Lancer une fusée miniature.

Modelez le sens de la personnalité

Votre adolescent a besoin de votre aide pour développer un sens de sa personnalité qui lui donnera le goût de viser la réussite, d'établir de bonnes relations interpersonnelles et de profiter de l'abondance déjà présente dans sa vie. L'estime de soi évolue et se transforme avec le temps; elle constitue une nourriture émotionnelle qui alimente l'âme de votre adolescent. Il n'est jamais trop tard pour aider votre enfant à édifier une forte estime de lui-même.

Bien entendu, il y aura des moments où votre adolescent ne se sentira pas bien dans sa peau. Cela peut se produire lorsqu'il n'est pas invité à une fête, est ignoré dans le corridor par un bon ami ou n'a personne pour l'accompagner à la danse. Le regard qu'il pose sur lui-même influencera son estime de soi. Jasmine a supplié sa mère tout l'été de lui épiler les sourcils. Elle était absolument convaincue qu'elle ressemblerait à la chouchoute de la classe, Lisa, si elle pouvait seulement modifier cette toute petite chose. Jasmine s'est étendue avec enthousiasme sur le divan pour laisser sa mère l'épiler, attendant impatiemment la transformation. Quand sa mère eut terminé, Jasmine sauta sur ses pieds et se regarda dans

le miroir. Elle était dévastée. Elle ne pouvait même pas le dire !
Elle fondit en larme.

En vous rappelant vos sentiments mal assurés et vos propres
préoccupations face au regard des autres lorsque vous étiez
adolescent, vous pouvez enseigner à votre enfant à réduire l'importance accordée à l'apparence et à mettre plutôt l'accent sur
le développement de sa personnalité. Aidez votre adolescent à
trouver un équilibre dans ce qu'il accomplit et à apprécier ses
qualités les meilleures. Vous pouvez le faire en applaudissant
consciemment ses efforts positifs, indépendamment des résultats,
tout en prenant garde de ne pas trop en mettre : « Lucas, même
sur des sujets ennuyeux, tu es toujours capable de rédiger une
dissertation intéressante. »

Laissez votre adolescent être ce qu'il est vraiment et établir des
frontières à l'égard des relations qui sont malsaines. Accordez
à votre adolescent le courage de faire face aux situations et de
demander ce dont il a besoin ; laissez-lui la possibilité de s'éloigner.
Christine était très gentille avec son amie Élodie lorsqu'elles
étaient seules, mais passait son temps à la taquiner en classe.
Après en avoir discuté avec sa mère, Élodie déclara à Christine
qu'elle n'allait plus l'accompagner à l'école en voiture tant qu'elle
ne se serait pas excusée et qu'elle ne cesserait pas de raconter
des sottises sur elle. Sa mère était heureuse que sa fille ait tenu
son bout d'elle-même.

Pour former le sens de la personnalité de votre enfant, adressez-lui au moins un compliment, si petit soit-il, chaque jour. N'attendez pas les jours de fête pour sortir votre belle vaisselle ou pour allumer des bougies ; faites-le tout simplement pour souligner l'importance que vous accordez à votre adolescent. Pendant les repas, lancez des discussions sur les gens qui ont changé de philosophie, d'attitude et de croyance, des personnes comme Franklin Delano Roosevelt et Martin Luther King. Faites-lui savoir combien il est important de se pardonner à soi-même lorsque l'on commet une erreur et qu'une déception ne doit pas être considérée comme un échec. Montrez-lui comment transformer une faiblesse en force et comment se mettre dans la peau d'autrui par l'empathie et la compassion.

VOICI QUELQUES ÉTAPES QUE VOTRE ADOLESCENT POURRAIT SUIVRE POUR SE CRÉER UNE PERSONNALITÉ SOLIDE.

- Reconnaître qu'il peut choisir de devenir heureux et d'accepter sa personnalité.
- Se pardonner et apprendre de ses erreurs passées.
- Exprimer directement ses besoins.
- Tenir un journal sur ses sentiments.
- Reconnaître ses succès en dressant une liste de ce qu'il réussit bien.

PARTIE

2

En quoi votre adolescent a-t-il foi ?

Inspirez la foi en une puissance supérieure

Une force réside au-delà de nous-mêmes, que nous pouvons exploiter ou repousser. Bon nombre de parents qui élèvent aujourd'hui des adolescents ont grandi dans la génération du «moi», où l'autorité était l'ennemi à combattre et où dominer sa propre vie était considéré comme une vertu. Nos croyances nous dictaient de prendre complètement en charge notre survie et notre bien-être. Le monde peut sembler vide et solitaire lorsque la seule personne dont l'on dépende vraiment est soi-même. Bien que cela puisse nécessiter un changement de mentalité, agissons différemment avec nos adolescents et inspirons-leur une croyance en quelque chose de plus grand qu'eux-mêmes.

Croire en une puissance supérieure peut amener votre adolescent à accomplir des actions extraordinaires. Cette croyance peut donner un sens à sa vie et nourrir son respect de l'autorité. Elle lui insuffle une conscience sociale qui lui permet de regarder en dehors de lui-même pour prendre conscience de son appartenance au monde et apprendre ce qu'il peut faire pour le rendre meilleur. Elle l'aide à guérir les blessures du cœur et lui enseigne comment oublier et pardonner. Le fardeau de votre adolescent s'allègera à mesure que ce dernier apprendra à reconnaître ce à quoi il peut se raccrocher et ce qu'il peut changer.

Votre adolescent abordera les défis de la vie avec la croyance que quelqu'un veille sur lui. En tant qu'athlète, il peut voir un lien de cause à effet entre sa foi en une puissance supérieure et sa capacité à bien performer sur le terrain d'entraînement. En tant qu'étudiant, il peut voir une relation entre la prière et sa capacité à recueillir les ressources internes d'améliorer ses résultats d'examens au-delà de toute attente.

Peu importe où se situe votre adolescent dans le spectre de la foi, vous pouvez l'encourager à invoquer cette puissance supérieure lorsque cela est nécessaire. Tout d'abord, laissez savoir à votre adolescent que cette puissance supérieure est toujours disponible pour lui ; cette interconnexion lui donnera du courage. Ouvrez la porte à la prière en établissant une observance au dîner ou en soirée avant d'aller au lit. Parlez avec votre cœur et employez les mots qui rendent grâce pour les bienfaits reçus. Expliquez comment de nombreuses prières seront exaucées au-delà de toute espérance et que certaines autres ne se réaliseront pas comme votre adolescent l'avait imaginé.

Enseignez-lui à adopter une attitude respectueuse envers ses aînés et envers les figures d'autorité telles que les enseignants, les policiers et les membres de la communauté qui font œuvre d'aider les autres. Faites savoir à votre adolescent que même si vous croyez que ces personnes n'ont pas nécessairement raison sur tous les sujets, vous respectez leurs décisions et les positions qu'elles défendent.

Pour susciter en lui des valeurs de spiritualité, d'espoir et de courage, parlez-lui de l'espérance qu'il existe une chose que lui seul pourra accomplir sur cette terre. Un jeune adolescent demandait à sa mère : « Maman, à quoi est-ce que je sers ? Pourquoi penses-tu que j'existe ? » Sa mère et lui ont exploré diverses façons de contribuer à la vie d'autrui et ont cherché comment il pourrait commencer dès maintenant à mettre en œuvre cette honorable entreprise.

La spiritualité est un engagement. Ne prétendez pas connaître toutes les réponses, mais laissez savoir à votre adolescent comment cette croyance vous a permis de tenir le coup à des moments difficiles de votre vie. Donnez-lui des exemples concrets où vous avez vu votre fardeau s'alléger pour céder le pas à la paix et à la sérénité. Parlez des miracles qui se sont produits dans votre vie ou dans la vie d'autres personnes que vous avez bien connues. À table, discutez de la relation entre la guérison et la spiritualité ; expliquez-lui que la foi est une chose qui ne peut être ni vue ni touchée.

Les multiples dons et talents de votre adolescent s'étendent au-delà des accidents génétiques et des habilités reçues. Le mystère d'une force supérieure peut contribuer à expliquer à votre enfant cette unicité personnelle qui sculpte sa vie et l'amène à faire des choix importants. Inspirez à votre adolescent la foi en quelque chose de plus grand que lui-même, de sorte qu'il puisse comprendre ce qu'il est et savoir que sa vie a un sens.

Encouragez un équilibre de vie

Dans notre société toujours de plus en plus effrénée, nos adolescents n'échappent pas à la pression d'en faire plus en moins de temps. Si le stress est bénéfique pour la productivité, il peut aussi devenir écrasant pour l'adolescent à qui l'on demande d'exceller à l'école, d'être engagé dans des activités, de faire du bénévolat, d'aider à la maison et d'occuper un emploi à temps partiel. En suivant ces conseils, vous pouvez détecter les signes de surmenage chez votre adolescent et créer une relation plus solide avec lui grâce à votre engagement à concevoir des stratégies qui encouragent un équilibre de vie.

Il est fort probable que vous vous demandiez où se situe la limite entre trop d'activités et trop peu. La réponse réside dans l'équilibre des routines et habitudes de vie quotidiennes de votre enfant. Votre adolescent a besoin d'un minimum de neuf heures de sommeil par jour pour être dispos. Si l'on tient compte du temps qu'il consacre à étudier, à bavarder au téléphone ou sur Internet et à jouer à des jeux vidéo, votre adolescent n'a peut-être pas tout le repos dont il a besoin. Ainsi, il peut être somnolent pendant les cours de l'avant-midi, ce qui interfère sur sa mémoire. Si les résultats scolaires de votre adolescent ne sont pas aussi élevés que vous le souhaiteriez, penchez-vous d'abord sur ses habitudes de sommeil.

Des habitudes alimentaires saines sont également essentielles au bien-être de votre adolescent. Souvent, le style de vie de la famille tout entière ne concorde pas avec des heures régulières de repas ou de la cuisine maison. Même avec des horaires serrés, vous et votre adolescent vous pouvez vous asseoir une fois par semaine et faire une liste de collations santé, jus de fruits et aliments qu'il peut manger sur le pouce. Inscrivez au menu des céréales, des légumes, des fruits et des produits laitiers, et suffisamment de protéines pour soutenir la croissance du squelette et des muscles de votre adolescent. S'il surveille son poids, aidez-le à gérer son temps afin qu'il puisse se réveiller assez tôt pour prendre un petit déjeuner avant l'école ou le travail. Évitez aussi la caféine ou le sucre après sept heures du soir.

Veiller à ce que son horaire scolaire et ses activités après l'école lui permettent de demeurer motivé sans pour autant l'accaparer outre mesure. De nos jours, participer à des activités sportives et des événements sociaux demande énormément de temps ; votre adolescent pourrait s'en trouver épuisé et exténué mentalement. Cependant, même si votre adolescent est occupé à l'école, il peut toujours maintenir un style de vie saine et travailler dix heures par semaine. Avoir un emploi permet d'acquérir une bonne éthique de travail, de prendre des responsabilités et d'apprendre à gérer son temps et son argent. Il importe également que le travail ait un sens et ne devienne pas absorbant au point d'interférer avec les responsabilités scolaires. Encouragez votre adolescent à économiser cinquante pour cent de tout ce qu'il gagne.

Bien que sa vie puisse vous sembler désordonnée, votre adolescent domine bon nombre de choses. Aidez-le à reconnaître les modes de vie malsains et à se concentrer sur une chose à la fois ; vous lui rendrez un service considérable. Faites un effort conscient pour épauler votre adolescent sans être constamment dans son dos à mesure qu'il tente d'accomplir ces changements. Plus votre adolescent s'investira personnellement, plus il est probable que ces nouvelles modifications resteront, que son stress diminuera et que son équilibre se rétablira.

POUR ENCOURAGER UN ÉQUILIBRE DE VIE, SUIVEZ CES SUGGESTIONS.

- Établissez des rituels et des horaires de sommeil réguliers.
- Demandez à votre adolescent de recenser ce qu'il pourrait faire différemment pour mieux s'alimenter.
- Incluez des « temps d'arrêt » dans la routine quotidienne.
- Apportez des changements graduellement ; choisissez un seul changement par semaine.
- Demandez à votre adolescent ce qu'il peut faire pour lui-même ou pour quelqu'un d'autre aujourd'hui.
- Faites échec au stress en riant, en dressant la liste de vos amis joviaux et en fréquentant ces personnes optimistes.

13

Parlez-lui de responsabilité morale

Êtes-vous préoccupé par l'état du monde dans lequel votre enfant grandit ? Vous demandez-vous comment vous pouvez élever un enfant de bonne réputation ?

Dans la vraie vie, la moralité est une valeur importante. Elle part d'une croyance en une responsabilité morale et permet à votre adolescent d'avoir ce lien d'appartenance à la famille, à la communauté, au pays et au monde entier. Chaque jour votre adolescent est confronté à des questions morales. Se faufile-t-il dans une file pour être servi avant les autres ou permet-il à des personnes pressées de passer devant lui ? Préfère-t-il faire un pieux mensonge que de dire la vérité et d'en assumer les conséquences ? S'il est témoin d'intimidation ou de taquineries à l'endroit d'un autre adolescent, reste-t-il là sans intervenir ou tente-t-il de faire cesser ces comportements ? La responsabilité morale a plus à voir avec la façon de penser de votre adolescent qu'avec sa capacité à prendre de bonnes décisions.

Portez une attention particulière à vos propres actions dans votre vie quotidienne. Rangez-vous le chariot d'épicerie de manière à ne pas endommager une autre voiture ? Si le caissier fait une erreur en votre faveur, retournez-vous le lui dire et lui remettre sa monnaie ? Les gestes nobles sont simples et évidents. C'est la façon dont vous agissez chaque jour qui en dit le plus long à votre adolescent.

Revenez avec votre enfant sur la moralité. Lorsqu'il rentre d'un week-end passé chez un ami, dites-lui « De quelle manière as-tu pu montrer ta bonne réputation ? » Vous serez étonné de voir à quel point votre enfant sera conscient des moments où il a pu révéler ses qualités. Montrez-lui comment l'honnêteté est payante en lui faisant connaître des gens qui gèrent des entreprises prospères et néanmoins éthiques. S'il est confronté à des situations difficiles, vous pouvez aussi lui proposer de passer du temps avec ses grands-parents ou d'autres personnes âgées prêtes à partager avec lui leur sagesse et leur expérience.

Racontez-lui des anecdotes mettant en cause des conflits moraux et demandez-lui comment le dilemme aurait pu être résolu ; ne donnez pas votre opinion avant d'avoir écouté la sienne. Donnez-lui des exemples de préoccupations inspirées de la vie quotidienne et posez-lui des questions sur les conséquences des actions que les gens posent. Soyez conscient que votre adolescent aura de la difficulté à décider de la bonne chose à faire. Lorsqu'il a manqué à son devoir de responsabilité morale, posez-lui des questions sur les résultats de ses actions. « En quoi ton comportement a-t-il affecté ces gens, selon toi ? Comment crois-tu qu'ils se sentent ?

Qu'aurais-tu pu faire de différent?» Puis explorez ensemble ce que votre adolescent pourrait faire pour réparer les torts causés.

Donnez l'exemple de ce que vous attendez de lui. Tenez vos promesses et reconnaissez la valeur des gens. Encouragez l'équité, l'intégrité morale et les relations fondées sur l'honnêteté. Discutez de la différence entre mentir et défendre ce qui semble vrai et faites preuve de courage lorsque d'autres parents tentent d'ébranler vos convictions.

Voici les relations de cause à effet de votre comportement et de la réponse de votre adolescent. N'oubliez pas que vous êtes le modèle du comportement de votre adolescent.

- Lorsque vous tenez vos engagements et que vous faites ce que vous aviez promis de faire, votre adolescent voit la fiabilité et l'honnêteté.

- Lorsque vous avez le courage de faire les bons choix, votre enfant sent la confiance et le respect que vous vous attirez.

- Lorsque vous êtes indéfectible dans votre tolérance de la différence, vous lui enseignez l'acceptation de l'autre.

- Lorsque vous êtes responsable de vos choix, vous lui démontrez de la force.

- Lorsque vous faites preuve de compassion pour les adolescents et pour les défavorisés, il voit votre générosité à l'égard des autres.

- Lorsque vous pardonnez à quelqu'un sans conserver de rancune, il entend votre compassion.

- Lorsque vous vous conformez aux lois et aux règles qui régissent la société, vous lui montrez à être un citoyen.

Les discussions sur les questions morales de la vie quotidienne doivent se tenir tout le temps, et non seulement lors de moments spéciaux. Devenez le consultant moral de votre adolescent et cultivez la compassion avec tout le monde. Insistez sur l'importance de la responsabilité morale, parce que les jeunes sont l'âme de la société.

Retrouvez la paix perdue

Voici l'histoire de deux mères, Annie et Diane. Annie voulait plus que tout au monde que son adolescente soit populaire et qu'elle devienne quelqu'un dont elle pourrait être fière. Lorsque les notes de sa fille se sont mises à baisser et que celle-ci commença à manquer l'école, Annie fut bouleversée et contrariée, inquiète de ce que tout le monde penserait d'elle en tant que parent.

Diane travaillait de longues heures, mais s'arrangeait pour passer ses soirées en famille. Ses enfants n'étaient pas toujours polis et le chaos régnait souvent dans la maison, mais Diane était une femme heureuse. Un jour, le fils de Diane arriva à la maison et lança d'une voix rageuse : « Qu'est-ce qu'on mange ? » Diane se retourna et lui demanda « Est-ce que ça va. » Son fils marmonna « Ouais ». Plus tard dans la soirée, Diane est allée dans la chambre de son fils et s'est assise sur le bord du lit. « Mauvaise journée, hein ? » Le garçon hocha la tête en silence.

Annie cherchait le bonheur à l'extérieur d'elle-même et en voulait à sa fille de ne pas être capable de la rendre heureuse. Diane trouvait le bonheur en elle plutôt que de l'attendre de son adolescent. Parce que Diane était responsable de son propre bonheur et de sa paix intérieure, elle était en mesure d'aimer sans condition et de percevoir les sentiments qui se cachaient derrière les mots.

Pour ramener la paix dans votre maison, prenez la décision consciente de faire régner l'harmonie en vous plutôt que de l'attendre de votre adolescent. Une maisonnée paisible évolue dans un processus lent et régulier d'observation et d'écoute. Regardez votre adolescent avec des yeux nouveaux et créez ainsi une expérience émotionnelle qui transformera vos vieilles croyances et vos habitudes ancrées. Faites l'apprentissage de nouvelles attitudes et de nouveaux comportements. Votre bonheur ne peut dépendre de l'humeur joyeuse ou triste, grincheuse ou furieuse de votre adolescent : votre bonheur doit se trouver à l'intérieur de vous. Voilà un autre exemple que vous pouvez donner à votre adolescent.

Vous pouvez restaurer la paix au sein de votre famille en faisant quelque chose qui tranche avec vos habitudes. Si votre adolescent est bruyant, devient irritable ou discute à tout propos, dites-lui : « Je ne peux pas t'entendre quand tu me parles sur ce ton. » Lorsque votre adolescent est irrespectueux, regardez-le calmement dans les yeux et dites-lui : « Dans cette famille, tout le monde se parle gentiment. » Si vous êtes clair sur les comportements qui sont acceptables, vous enseignez à votre adolescent à dominer ses émotions.

Ce que vous pensez de votre adolescent va également s'imposer comme étant une réalité. Même si vous faites tous les efforts pour ne pas laisser des pensées négatives transparaître dans votre attitude physique, vous ne pouvez pas tromper votre enfant. Son radar sensible lui dit que vous êtes calme à l'extérieur, mais en colère à l'intérieur.

Pour vous apaiser, prenez du recul par rapport à vos pensées et relativisez l'importance que vous accordez au problème qui vous préoccupe. Lorsque vous commencez à penser à votre adolescent, sentez-vous de la tension monter en vous? Cette tension se manifeste généralement dans la poitrine ou l'estomac. En reconnaissant votre réaction physique, vous pouvez prendre conscience du moment où une agréable pensée cède le pas à des réflexions qui vous mettent de mauvaise humeur. Pour faire cesser ce sentiment, expirez sans reprendre une grande respiration et pensez à quelque chose de frivole qui n'inspire pas de réelles émotions, comme ce que vous feriez si vous gagniez à la loterie.

Si vous vous sentez calme, votre adolescent ne perturbera pas votre paix intérieure. Un foyer paisible est susceptible d'abriter un adolescent paisible. Voici quelques suggestions pour pacifier votre maisonnée.

- Pensez à une période calme de votre vie et à ce qui fonctionnait bien à l'époque.

- Observez attentivement les réponses conditionnées que vous adressez à votre adolescent et la façon dont vous réagissez à son comportement.

- Concentrez-vous sur les paroles de votre adolescent plutôt que sur ce que vous ressentez.

- Donnez à votre adolescent (surtout si c'est un garçon) un langage qui lui permet de décrire ses sentiments.

Soyez un phare dans l'obscurité

À certains moments dans la vie de votre adolescent, son univers semblera parsemé de revers, de crises et de pertes. Lorsqu'il traverse ces périodes charnières, il peut ne pas savoir comment chercher de l'aide. Soyez le phare de votre adolescent dans l'obscurité. Par votre amour et votre compassion, attisez en lui l'espoir en l'avenir.

Le sentiment de perte qu'il éprouve peut être causé par le départ d'un ami proche qui déménage dans une autre ville ou par son incapacité à être accepté au sein de l'équipe où il souhaitait tellement se tailler une place. En outre, une crise peut survenir lorsqu'il échoue à un test ou voit un ami emporté par la maladie. Le meilleur ami de Jules avait le cœur trop volumineux pour la taille de sa poitrine. Didier avait subi une opération l'année précédente et semblait bien aller. Un après-midi, les deux garçons jouaient au basketball lorsque le cœur de Didier cessa subitement de battre. En cet instant, Jules plongea dans l'abîme de désespoir. Il n'arrivait pas à s'expliquer comment son ami de seize ans était mort si soudainement. Grâce au soutien aimant de ses parents et à de longues heures de conversation avec eux, Jules a commencé à se remettre de sa douleur.

15

En traversant des périodes comme celle-là, votre enfant aura de la difficulté à donner un sens à sa vie. Espérer que la vie sera meilleure peut sembler illusoire. Rehaussez son courage en devenant un point d'ancrage. Confiez-lui quelques-unes de vos propres expériences passées au cours desquelles vous avez dû surmonter l'adversité ; montrez-lui ainsi à quel point vous avez changé votre monde pour le mieux. Racontez-lui ce que vous avez pensé lorsque ces choses vous sont arrivées, décrivez-lui vos sentiments et votre humeur. Parlez-lui du processus de guérison, y compris de ce que les autres ont fait pour vous aider à dissiper votre chagrin et à vous rétablir peu à peu. Léguez à votre adolescent les leçons que vous avez tirées de ces épreuves : la force qu'elles vous ont permis d'acquérir et les changements de points de vue qu'elles ont opérés en vous.

Vous pouvez faire une différence. Votre adolescent sent peut-être qu'il a perdu quelque chose de précieux. En lui inculquant la conviction que les choses iront mieux demain, vous lui proposez une issue qui l'aidera à sortir du désespoir. Vous l'aidez à renouveler son énergie mentale afin qu'il trouve de nouvelles voies lorsque les anciennes sont bloquées. C'est ainsi qu'il apprend la résilience et comprend qu'il a le pouvoir de surpasser ses attentes.

Dites-lui que la vie est belle et que les difficultés qu'on y traverse ne font qu'approfondir et enrichir notre sens de l'existence. Enseignez-lui comment orienter positivement son dialogue intérieur pour surmonter les obstacles et réussir. Utilisez des mots comme «défi», «chance», et «occasion». Soyez pour lui un confident et un ami; prodiguez-lui chaleur et réconfort lorsqu'il croit que personne ne le comprend.

Si vous vous efforcez de soutenir votre adolescent, votre relation ne sera plus jamais la même. Grâce à votre regard positif et à l'expression de votre amour inconditionnel et de votre tolérance, vous aurez rehaussé cette relation à un niveau que vous n'aviez jamais soupçonné. Malgré les désaccords du passé, vous êtes là pour écouter votre adolescent, vous en occuper et lui servir de phare dans l'obscurité.

Voici quelques phrases porteuses d'espoir que vous pouvez utiliser.

- «Les choses tournent rond.»
- «Tu avances dans la bonne direction.»
- «Tu es en train d'y arriver.»
- «Demain ça ira mieux.»

Huit paroles pour guérir

Il existe des mots et des concepts qui favorisent la guérison et donnent la force de faire face à la vie. Utilisez-les au sein de votre famille. Ces mots permettent une communication entre les parents et l'adolescent. Ils sont la clé d'une vie meilleure et d'une relation qui continue à s'épanouir, plus étroite et plus empreinte d'amour que jamais.

PARDONNER. Pardonner signifie accepter sans dépit, passer l'éponge, oublier les torts. Le pardon est un processus de guérison par lequel le chemin se déblaie pour faire place à de bons sentiments. Enseignez à votre adolescent qu'en se complaisant à ressasser un passé douloureux, il abandonne sa force et son énergie à d'autres que lui. Broyer du noir l'empêche de voir les merveilleuses choses que lui offre la vie. Le pardon lui apporte la paix qui lui permet de se concentrer à nouveau sur les choses qui le font grandir dans la vie. Accordez le pardon à votre adolescent afin qu'il puisse ouvrir son cœur et continuer à faire confiance aux autres.

FAIRE CONFIANCE. Pour élever votre relation avec votre adolescent à son plus haut potentiel, établissez un lien de confiance mutuelle. Donnez l'assurance à votre adolescent que vos attentes et vos actions sont cohérentes. La confiance que vous accorderez à votre enfant lui permettra de réduire ses inquiétudes et ses peurs durant ses années d'adolescence ; cette confiance vous amènera à croire que votre adolescent fera les bons choix la plupart du temps. La confiance ouvrira votre cœur et celui de votre adolescent à croire que les autres tiennent leurs promesses.

MERCI. Votre adolescent est avide de vous entendre dire que ce qu'il a fait est significatif et utile. Cette rétroaction doit venir directement de vous. Elle lui dit que vous êtes heureux des choix qu'il a faits. Un « merci » bien franc exprime la gratitude que vous avez pour la contribution de votre adolescent au sein de la famille. Dire merci est une habitude chaleureuse qui se transformera en une vie tout entière de gratitude.

APPRÉCIER. En montrant à votre adolescent que vous l'appréciez, vous lui offrez un amour inconditionnel et vous posez sur lui un regard positif. Vous répandez un sentiment de sécurité et d'appartenance au sein de votre famille. Vous faites également savoir à votre adolescent qu'il est important et qu'il en vaut la peine. Apprécier votre enfant, c'est lui laisser voir qu'il a sa place sur terre.

EXCUSE-MOI. Dire ces mots avec une profonde sincérité rend possible la guérison. Ces mots témoignent de votre responsabilité à l'égard de vos actions ; ils illustrent votre volonté de faire pour le mieux. Vous communiquez profondément avec votre adolescent lorsque vous êtes en mesure de le regarder dans les yeux et de lui présenter vos excuses pour une erreur que vous avez commise. Vous lui dites que vous n'avez pas toujours raison et qu'il est normal de reconnaître une erreur. Grâce aux mots « excuse-moi », il comprend l'importance d'être soi-même vulnérable lorsqu'on aide quelqu'un à se débarrasser d'un chagrin.

DEMAIN. Pour un adolescent, tout ce qui arrive semble immédiat et définitif – ce qui se passe aujourd'hui est à l'image de ce qui se passera demain. Suscitez l'espoir que demain sera mieux qu'aujourd'hui. Le mot « demain » permet de mettre les choses en perspective et de reconnaître qu'un moment difficile peut survenir, mais que ce moment passera et qu'il fait bon vivre malgré tout.

RESPECT. Respecter votre adolescent, c'est reconnaître qu'il n'est pas un reflet de vous-même, mais une personne à part entière. En élevant un adolescent, vous reconnaissez que ce ne sont pas les différences qui sont importantes, mais la manière dont les différences sont traitées. La recherche d'un terrain d'entente est une priorité lorsque les deux points de vue sont respectés.

COURAGE. Persévérer en dépit des obstacles est le message que vous envoyez lorsque vous faites preuve de courage. Le courage donnera à votre adolescent la confiance qu'il lui faut pour se relever, même s'il a chuté à de très nombreuses reprises. Peu importe les efforts que vous pouvez faire pour vous détacher de cette image, votre courage fera toujours de vous un héros aux yeux de votre adolescent.

Pavez la voie à la gratitude

Comment inspirer la gratitude à votre adolescent lorsque vous voyez le parc de stationnement de son école rempli de voitures de sport rutilantes et d'automobiles de seconde main achetées par les parents ?

Votre adolescent peut véritablement être convaincu de la nécessité de posséder une belle voiture pour être accepté ou d'avoir la coupe de cheveux la plus en vogue pour être remarqué. Une grande part de cette conviction repose sur ce que la société lui dit qu'il devrait posséder. Selon la phase de développement à laquelle votre adolescent est parvenu, vous pourriez ne pas être en mesure de le rendre totalement reconnaissant à ce moment, mais vous pouvez commencer à poser les jalons de la gratitude.

La reconnaissance est une manière déguisée d'exprimer sa satisfaction. Votre adolescent n'est pas né avec la capacité d'apprécier toute la valeur d'une situation ou d'être reconnaissant, à moins qu'il ne sache pour quelle chose il doit l'être. Quand il vous remercie d'avoir assisté à son activité, dites-lui : « C'est tout naturel, c'est très important pour moi d'entendre ce que tu as à dire. » Complimentez-le lorsqu'il partage quelque chose : « Je sais que ça a été difficile pour toi de prêter ta robe à ta sœur pour aller à la fête; merci, c'était vraiment chic de ta part.» La reconnaissance est une compétence qui s'acquiert par l'intermédiaire du renforcement des valeurs. Votre adolescent assimilera vos valeurs, non pas tant à travers vos paroles que par votre façon de vivre et vos attentes à son égard.

Si vous souhaitez soulever en lui des sentiments de gratitude, soyez attentif à la pression qu'il subit pour être comme tous les autres, car cette pression le préoccupe. Élaborez des stratégies pour lui permettre de résister à l'envie d'acheter tout ce qu'il convoite. Par exemple, il peut consigner dans un carnet de notes la liste de toutes les choses qu'il souhaiterait avoir. Plusieurs semaines plus tard, lorsque votre adolescent jettera un coup d'œil à cette liste, il pourrait constater que bon nombre de ces choses convoitées n'ont plus d'importance pour lui.

Faites part de vos valeurs à l'égard de la reconnaissance. Décrivez de manière concrète pourquoi il est important de reconnaître le bien et comment cela affecte le bonheur. En faisant votre propre devoir de gratitude, vous pouvez donner à votre adolescent une idée de la façon dont la satisfaction peut s'exprimer. Soulignez votre reconnaissance de diverses manières dans votre vie quotidienne. « C'était vraiment aimable de la part de papa de réparer ta tablette, même s'il était très occupé.» «Monsieur Dupont a eu la gentillesse de changer mon pneu crevé.»

Vous pouvez également démontrer que vous êtes satisfait du comportement de votre adolescent. Exprimez-lui des remerciements pour vous avoir aidé aux travaux domestiques ou tout simplement pour être un enfant merveilleux. Une mère remercia son fils de la manière dont il s'était comporté lorsqu'elle lui avait servi une réprimande pour avoir eu une contravention pour excès de vitesse. Par la suite, lorsque l'adolescent eut de nouveau un comportement erratique et que la mère et le fils échangèrent quelques mots de colère, il s'est souvenu des paroles de sa mère. Il est revenu un peu plus tard lui dire: «Je suis désolé d'avoir élevé la voix, maman.» Sa compréhension de la valeur de leur relation avait commencé à prendre racine.

Provoquez des occasions naturelles de susciter la réflexion et de mettre en pratique des gestes de reconnaissance. Demandez à votre adolescent de rédiger régulièrement des notes de remercie-ments ou d'appeler ses grands-parents après avoir reçu un cadeau. Il peut aussi acheter un cadeau ou des fleurs avec son propre argent pour un voisin malade. Copiez des citations énonçant des valeurs de gratitude et, de temps à autre, placez-les un peu partout dans la maison. Placez-les sur le réfrigérateur, sur l'écran de l'ordina-teur ou même dans la poche de manteau de votre adolescent. Vous pouvez aussi glisser ces notes d'appréciation sous son oreiller. «Ta chambre est impeccable. Merci de me rendre la tâche plus facile.»

En incluant la gratitude dans vos valeurs de vie, vous présentez à votre adolescent un modèle de bienveillance et vous lui permettez de reconnaître les miracles dans la vie. Vous lui montrez à quel point la vie peut être belle, même dans les actions les plus simples du quotidien.

Triomphez des obstacles illusoires

En quoi le tempérament de votre adolescent est-il différent du vôtre ? Cette différence interfère-t-elle dans votre relation ? Peut-être aimez-vous surtout profiter du calme de votre foyer après une longue journée de travail, alors que votre adolescent est avide de stimulation et veut visionner des films avec ses amis. Vous réfléchissez avant de parler, alors que votre adolescent exprime tout ce qui lui passe par la tête. Vous classez le moindre bout de papier, alors que votre adolescent ne parvient pas à retrouver son livre de français.

Votre manière d'interagir dépend en grande partie de vos diffé-rences respectives de traits de personnalité. Une fois que vous aurez compris ces contrastes, vous percevrez votre adolescent sous un nouveau jour et vous serez en mesure de corriger votre façon d'agir à son égard.

Ses actions vous semblent peut-être aux antipodes de ce que vous voulez et attendez de lui. Ces différences peuvent créer une mauvaise communication entre parents et adolescents. Si vous ne lui lancez que des mots clés plutôt que de formuler des phrases complètes, il entendra des ordres et des commandements. Si votre adolescent évite le contact visuel avec vous et fait une pause avant de vous répondre, vous seriez en droit de percevoir un mensonge dans cette attitude. Si vous êtes une personne volubile, tandis que votre adolescent n'a que deux amis proches et passe très peu de temps au téléphone, vous pourriez craindre qu'il ne soit dépressif plutôt que simplement introverti.

Explorez votre propre style de personnalité. Avez-vous une personnalité de « meneur » qui veut que les choses soient faites à sa manière, sans discussion ni compromis ? Ou êtes-vous de commerce plutôt facile, préférant céder du terrain plutôt que de risquer un conflit ? Faites-vous confiance à vos instincts au moment de prendre une décision ou êtes-vous méthodique, à la recherche de détails ? Êtes-vous mal à l'aise devant les surprises ou valorisez-vous la spontanéité ?

En comparant vos styles de vie et en comprenant comment vous pouvez communiquer en fonction de vos différences, vous aiderez votre adolescent à communiquer avec vous dans un esprit positif.

La personnalité sympathique. L'adolescent sympathique est agréable, respectueux et volontaire. Il pense du bien des autres, est sensible et susceptible, se sent facilement intimidé et craint la confrontation.

La personnalité volubile. L'adolescent volubile aime la compagnie, verbalise beaucoup et ne réfléchit pas avant de parler. Il prend des décisions sous la pulsion et est souvent désorganisé.

18

LA PERSONNALITÉ LOGIQUE. L'adolescent logique est une personne attachée aux habitudes. Très organisé, il réfléchit avant de parler. Peu enclin à prendre des décisions, il est mal à l'aise devant les surprises.

LA PERSONNALITÉ DU « MENEUR ». Le meneur est conscient du moment présent, est très volontaire et capable de prendre des risques de manière autonome. Utilisant un langage direct et ne mâchant pas ses mots, il affirme plus qu'il ne questionne.

Si la personnalité de votre enfant est de type sympathique, soyez détendu avec lui et adoptez un rythme modéré durant vos interactions. Assurez-vous d'éviter toute inflexion sévère dans votre voix et amenez votre adolescent à exprimer ses opinions. Si votre adolescent est volubile, adoptez le même comportement « hop la joie » que lui; découvrez ses rêves et exploitez son esprit de compétition. Parce que vous savez que l'horloge interne de votre adolescent volubile est déréglée, vous préférerez lui accorder plus de souplesse que de lui imposer un cadre rigoureux.

Votre adolescent logique vous oblige à modérer votre rythme et a besoin de votre permission pour passer à l'action délibérément et lentement, une fois que les choses lui ont été expliquées. S'il est hésitant, encouragez-le à prendre une décision même s'il n'a pas encore toutes les données en main. Les exagérations et les déclarations surfaites le feront fuir à toutes jambes; alors, soyez exact et factuel lorsque vous entrez dans les détails d'un

sujet. Avec votre adolescent «meneur», vous avez intérêt à
être à l'heure, à ne pas lambiner et à ne pas vous écarter du
sujet. Concentrez-vous sur les résultats, soyez organisé et, si
vous souhaitez voir votre adolescent accomplir quelque tâche,
demandez-le-lui gentiment plutôt que de lui en donner l'ordre.

Vous connaissez bien votre adolescent. Recherchez des indices des
ressemblances et des différences dans vos approches respectives
en matière de communication. Ni vous ni votre adolescent ne
ferez de changement marqué dans votre style de personnalité, mais
vous pouvez influencer de manière considérable la façon dont se
déroule votre relation en trouvant un terrain d'entente qui facilitera la communication.

Aimez le détestable

C'est précisément au moment où les adolescents ont le plus grand besoin de l'amour de leurs parents qu'ils tentent le plus désespérément de s'éloigner de ceux-ci. De treize à dix-huit ans, les adolescents ne sont pas toujours au meilleur de leur forme. Un jour, ils aiment tout le monde, le lendemain, ils n'ont «plus d'amis». Ils sont enclins à faire connaître leur état d'humeur à toute la maisonnée et ont tendance à s'ennuyer facilement, surtout avec leurs parents, leurs frères et sœurs, et même avec le chien de la famille! De nombreux parents déclarent, mi-figue, mi-raisin, qu'ils ont hâte que leur adolescent ait terminé ses études et qu'il vole de ses propres ailes.

Même s'il est difficile de passer outre ce rejet apparent de votre adolescent et de ne pas réagir négativement à ses grondements, c'est le moment plus que jamais d'aimer votre enfant, si déplaisant soit-il. Lorsque votre adolescent est d'humeur grincheuse, rayonnez de chaleur, de compréhension et de bienveillance, efforcez-vous de dissocier son comportement de sa personne. Dites-vous pour vous-même «Je suis malheureux qu'il agisse de manière désagréable» plutôt que «Il est tellement irritable.» La façon dont vous interprétez le comportement de votre adolescent aura une incidence importante sur votre capacité à maintenir la communication avec lui dans des moments difficiles. Votre manière de décrire le comportement déplaisant de votre adolescent à vos autres enfants et à votre conjoint influencera aussi la façon dont ceux-ci interagiront avec lui.

Votre acceptation absolue de votre adolescent est fondamentale à l'amour inconditionnel. Faites-lui savoir que malgré son comportement inconvenant, vous l'aimez de toute façon. Vous pensez peut-être que votre adolescent le sait déjà jusqu'à un certain point, mais il vit toujours avec la crainte que vous pourriez ne plus l'aimer comme autrefois. Quel que soit le degré de distance ou d'irritabilité de votre adolescent, celui-ci a encore un profond désir d'être convaincu que vous l'aimez tel qu'il est. Sachant que vous pensez toujours qu'il est quelqu'un de spécial, votre adolescent traverse ces moments déplaisants plus rapidement et sans conséquence pour son estime de soi et pour la personne qu'il croit être.

C'est à ces moments-là qu'il est utile de lui dire « Je t'aime » sans espérer entendre la réciproque. Gardez dans votre cœur l'idée que votre amour pour votre adolescent ne dépend pas de l'amour que celui-ci vous exprime. Connaître l'amour que vous ressentez pour votre adolescent devrait vous suffire. Avec le temps, votre adolescent répondra de manière consistante au regard positif que vous posez sur lui et continuera à s'épanouir, fort de votre amour inconditionnel.

VOICI QUELQUES SUGGESTIONS POUR VOUS AIDER À
AIMER LE DÉTESTABLE.

- Dites à votre adolescent «Je t'aime» au moins deux fois
  par jour.

- Toutes les deux semaines, résumez en une phrase ce que vous
  aimez chez votre adolescent et notez cette phrase sur un
  autocollant. Surprenez votre adolescent en laissant la note à
  des divers endroits, par exemple sur son oreiller, dans miroir
  de salle de bains ou dans la voiture.

- Offrez de l'amour inconditionnel même si ce n'est pas
  réciproque.

- Demandez-vous «Comment puis-je aimer mon enfant
  davantage?»

20

Nouez des liens d'appartenance

Un été, Colin est allé passer plusieurs semaines chez ses grands-parents, qui vivaient près d'une plage. Auprès de ses cousines, de ses cousins, de ses tantes et de ses oncles, il passa tout son été à sauter sur les pierres, au bord de la mer, à barboter dans les mares d'eau et sur le rivage, à la recherche de bernard-l'ermite. Colin s'est vite rendu compte qu'il y avait autour de lui beaucoup de personnes qui s'occupaient de lui et croyaient qu'il était un enfant formidable. De retour à l'école à la fin de l'été, Colin se sentait un peu plus en confiance qu'auparavant et avait un peu moins besoin de l'approbation de ses amis. Il savait que le cercle de personnes qui l'aimaient et croyaient en lui s'était de beaucoup agrandi.

Votre plus difficile tâche au cours de cette période sera d'aider votre adolescent à comprendre qu'une vie heureuse et réussie est fondée sur un processus de relations personnelles. Mettre son enfant en contact avec sa famille élargie est l'une des meilleures façons de l'aider à se tisser une trame solide de relations. Il croira qu'il est vraiment important aux yeux de nombreuses personnes qui se soucient de sa vie et de son avenir. C'est à vous, en tant que parent, de cultiver ces relations. Pour conserver ces liens solides d'attachement, il faut y mettre des efforts. Le message « la famille d'abord» aidera votre adolescent à comprendre que sa vie familiale ne peut pas être remplacée par son cercle d'amis.

Votre adolescent vit peut-être loin de la famille élargie. Gardez le contact par l'intermédiaire d'appels téléphoniques hebdomadaires, de lettres et de photos. Découvrez des façons créatives de vous rencontrer. Si vous ne pouvez pas tous partir en visite, laissez votre adolescent y aller seul. Sans votre présence, votre famille élargie en viendra à connaître votre adolescent sous un nouvel éclairage et celui-ci sentira ce lien d'intimité se renforcer avec ces membres de la famille; c'est sur eux qu'il comptera pour combler ses besoins pendant qu'il est éloigné du foyer.

Si une distance s'est créée entre vous et votre famille, ce pourrait être une excellente occasion de renouer des liens et d'inclure votre adolescent dans le cercle familial. Les liens étroits qu'il tissera avec la famille élargie lui donneront un sentiment d'appartenance à quelque chose de plus grand que son seul foyer. Avec le temps, ces relations constantes avec ces membres de la famille influenceront les interactions sociales de votre adolescent et nourriront sa confiance en lui-même dans ses rapports avec divers types de personnes.

Outre ces liens que vous pouvez établir avec la famille élargie, trouvez de nouvelles façons de vous sentir proche de votre adolescent. À la faveur d'un repas ou d'une balade en voiture, parlez à votre adolescent de la journée de sa naissance, racontez-lui la joie que vous avez eue d'apprendre que vous allez avoir un enfant. Parlez-lui de votre enfance et des rapports aimants qui existaient au sein de votre famille. Peut-être aviez-vous un lien privilégié avec votre grand-mère ou votre oncle. Racontez-lui comment votre famille vous a aidé à traverser des moments difficiles et comment elle s'est toujours trouvée là lorsque vous avez eu besoin d'un coup de main. Laissez votre adolescent savoir que lui aussi peut avoir accès à ce soutien familial.

Lorsqu'on se sent membre d'une famille élargie, notre sentiment d'appartenance s'en trouve élargi lui aussi. Toutes les personnes sont interconnectées pour créer un tout cohérent. Il est de notre devoir de conserver ces liens intacts au meilleur de notre capacité.

PARTIE

3

Comment votre adolescent se sent-il vraiment?

Transformez les désaccords en efforts mutuels

Christian allait enfin se rendre en voiture à ce concert qu'il attendait depuis longtemps, à une heure de route de la ville. Il était prévu qu'il ferait monter avec lui ses quatre amis qui venaient d'arriver et qui avaient très hâte de partir. Plutôt que d'insister pour qu'il rentre à l'heure habituelle du couvre-feu, sa mère sortit un bout de papier. Elle y inscrivit son estimation de l'heure à laquelle le concert allait se terminer, puis y calcula le temps qu'il faudrait à Christian pour reconduire chacun des amis. Ensemble, Christian et sa mère convinrent d'une heure réaliste de rentrée. Il aurait été plus facile de déclarer catégoriquement : «Tu dois être rentré pour minuit. Tu n'as qu'à quitter le concert avant la fin.» Cependant, il était plus que probable que Christian serait absorbé par le concert, qu'il oublierait de regarder l'heure, qu'il partirait trop tard et finirait par manquer le couvre-feu.

Les désaccords peuvent se transformer en efforts mutuels qui permettent à votre enfant de devenir un individu autonome que vous guidez jour après jour vers le succès. Tout comme votre adolescent est en train d'apprendre à être indépendant, vous êtes confronté au défi d'acquérir de nouvelles compétences qui vous permettront de naviguer dans ce territoire inexploré.

Vous pouvez vous lancer dans des considérations sur la peur et l'anxiété lorsque vous le voyez commettre des erreurs. Vous pouvez essayer de lui épargner des prises de décisions difficiles en lui disant ce qu'il doit choisir, comment et avec qui le choisir. Vous ouvrez ainsi la voie à des conflits et à des coups de tête. Vous avez la maîtrise d'une grande partie de ce qui se passe entre vous et votre adolescent. Prenez du recul et observez votre manière de donner des instructions. Rappelez-vous que vous communiquez aussi bien avec votre ton de voix et votre langage corporel qu'avec les mots que vous utilisez. Lui posez-vous des questions ou faites-vous des affirmations ? Lui imposez-vous une opinion ou essayez-vous de comprendre son raisonnement ?

Ce qui fonctionnait pour dénouer des conflits pendant la petite enfance perd souvent de son efficacité avec le temps. Les années d'adolescence vous imposent une nouvelle façon de penser. Votre adolescent est-il prêt à prendre de bonnes décisions en toute indépendance ? Certainement pas ! Mais il croit qu'il l'est et c'est là que réside le défi. À mesure que votre enfant progresse vers son identité propre, il a l'irrépressible besoin de protester, de débattre et de négocier. Négocier ne signifie pas baisser les bras ni même accepter un compromis. Cela signifie créer une situation gagnante pour vous et votre adolescent. Si votre relation donne lieu à une véritable expérience d'apprentissage, vous en tirerez tous les deux de la satisfaction.

Pour vous tenir loin des désaccords quotidiens, établissez un contrat de comportement que vous renouvellerez tous les six mois. Commencez par dresser la liste de toutes vos attentes, que ce soit à l'égard des devoirs et leçons ou des tâches ménagères. Soyez précis et faites en sorte que 75 pour cent du contrat soit négociable. Prenez le temps de vous asseoir avec votre adolescent et de discuter chaque point du contrat avec lui. Laissez-le travailler avec vous pour décider du degré d'attentes qu'il est raisonnable d'avoir à l'égard des règlements, aussi bien que des conséquences du non-respect de ces règlements. À première vue, cela pourra vous sembler un processus un peu long, mais ce contrat permettra d'éliminer les conflits quotidiens au sein de votre foyer et contribuera à préserver la qualité de votre relation.

VOICI QUELQUES CONSEILS QUI VOUS AIDERONT À ÉTABLIR UN CONTRAT AVEC VOTRE ADOLESCENT.

- Créez un nouveau contrat chaque été et chaque automne.

- Négociez-en 75 pour cent des clauses afin de permettre à votre enfant de s'y investir.

- Cédez du terrain sur les points mineurs de manière à ce que votre adolescent sente qu'il a son mot à dire et qu'il maîtrise quelque chose.

- Amenez votre adolescent à décider lui-même des conséquences d'un non-respect du contrat.

- Signez tous les deux le contrat et inscrivez-y la date; chacun de vous en conservera un exemplaire.

Quand vous posez une question et que vous recevez une mauvaise nouvelle

Vous restez là, bouche bée, à vous demander comment réagir. Vous prenez une respiration, retenez votre souffle et cherchez vite une chaise sur laquelle vous asseoir pour entendre la suite de l'histoire. Ce soir-là, vous restez debout à attendre le retour de votre adolescent, qui est allé à une soirée. Vous demandez innocemment « Comment a été la soirée ? » S'assoyant à côté de vous, votre adolescent vous dit calmement : « Je suis allé à une fête et il a eu une descente. »

Ce n'est pas le moment d'avoir une réaction intempestive, même si vous êtes dans tous vos états. L'empressement de votre adolescent à venir vous voir dans un moment difficile lui vient de la confiance et du respect mutuels que vous avez constitué au fil du temps. Laissez savoir à votre adolescent qu'il n'a rien à craindre à se confier à vous et que vous voulez vraiment entendre la suite de l'histoire. Soyez neutre dans votre ton de voix et détendu dans votre langage corporel. En vous faisant part spontanément d'une mauvaise nouvelle, votre adolescent sollicite votre appui et votre compréhension.

Essayez de ne pas avoir l'air choqué; gardez un visage détendu n'exprimant pas d'émotion. Hochez la tête et dites quelques mots de temps à autre pour convaincre votre enfant de continuer; essayer de le laisser terminer avant de lui poser des questions. Sondez l'histoire jusqu'à ce que vous ayez bien compris le fond du problème et laissez votre adolescent corriger toute méprise. Puis dites: «Quelle est ta part de responsabilité dans cette affaire.» Si votre adolescent commence à reculer, utilisez des propos encourageants et ouverts tels que «et qu'est-ce qui s'est passé ensuite?»

Il peut y avoir des moments où vous savez que vous devriez poser une question, mais vous n'êtes pas prêt à entendre la réponse ou à réagir à celle-ci. Au moment où votre adolescent vous apporte une mauvaise nouvelle, il importe d'abord de l'écouter avec compassion. Les mesures disciplinaires peuvent être prises plus tard, une fois que vous aurez eu le temps de réfléchir sur l'incident. Laissez savoir à votre adolescent qu'il y aura des conséquences, mais qu'elles seront moins graves parce qu'il vous a dit la vérité.

Si vous vous rendez compte que vous réagissez mal à la nouvelle, maintenez un contact visuel avec votre enfant et prenez la décision consciente de garder votre calme. Essayez de ne pas avoir peur de ce que votre adolescent vous dit, de ne pas l'interrompre et de ne pas changer de sujet. En insistant sur des détails d'importance secondaire, vous pourriez vous engager dans la mauvaise direction et amener votre adolescent à se taire.

Il existe une solution pour chaque problème. Votre mission, à ce stade, n'est pas de venir à la rescousse de votre enfant, mais de lui offrir l'espoir que, ensemble, vous pouvez trouver un moyen de renverser la situation. Confiant, votre adolescent est venu vers vous ; confiant, vous comprendrez votre adolescent. Vous savez que vous avez établi une solide communication avec votre adolescent lorsque vous lui posez une question et qu'il vous avoue une mauvaise nouvelle.

Voici quelques techniques qui vous aideront à recevoir de mauvaises nouvelles.

- Asseyez-vous au même niveau que votre enfant, de sorte qu'aucun des deux ne domine l'autre.
- Adoptez l'attitude de quelqu'un prêt à tout entendre.
- Regardez votre adolescent dans les yeux lorsqu'il parle, prenez une posture détendue, soyez attentif, hochez la tête et évitez de trépigner d'impatience ou de regarder ailleurs.
- Répétez le message et laissez votre adolescent corriger toute méprise.
- Utilisez des propos ouverts comme « peux-tu m'en dire plus à ce sujet ? »

- Offrez des conseils seulement une fois que votre adolescent aura exprimé tout ce qu'il avait à dire. Les suggestions suivantes peuvent vous aider, de manière générale, à instaurer un climat de confiance entre vous et votre adolescent.

- Agissez plutôt que de réagir.

- Travaillez ensemble pour chercher des solutions.

- Félicitez-le de l'effort qu'il a fait de venir vous parler.

- Prenez le temps de communiquer avec lui chaque jour.

Quand demander des explications, quand creuser une question ou quand démontrer du soutien?

L'ami de Rémi, Luc, était sur le point d'échouer dans son cours d'histoire. Lorsque les résultats du dernier examen furent distribués, Luc fut tout heureux de voir que Rémi avait décroché un «A». Il se pencha vers lui et lui chuchota à l'oreille: «Génial! J'ai copié sur toi. Ça va me permettre de passer!» Lorsque l'enseignante lui remis son examen, celui-ci était marqué d'un grand «F» rouge. Confus, Luc compara les deux copies d'examen: «Oh non! J'ai décalé toutes mes réponses d'un numéro!» Rémi a trouvé l'incident bien drôle et l'a répété à table durant le dîner.

Voilà un de ces moments inopinés qui vous font retenir votre souffle – un moment riche en enseignement, plein de matière pour un débat. Les émotions sont susceptibles d'être à fleur de peau lorsque votre adolescent constate qu'il a fait un mauvais choix. Vous pouvez renverser la situation et amener votre enfant à faire de meilleurs choix à l'avenir. Exprimez vos attentes avec clarté: votre adolescent y gagnera.

Cinq techniques pour demander des explications

- Exprimez vos préoccupations en évitant de commencer vos phrases par «Tu».

- Exprimez un message clair et direct.

- Demandez à votre adolescent ce qu'il pourrait dire ou faire pour empêcher que la chose ne se reproduise.

- Ayez l'air confiant par votre voix et votre posture tout en maintenant un contact visuel.

- Exprimez votre surprise de voir qu'il a pu prendre cette mauvaise décision.

Lorsque vous pensez que les choses ne sont pas ce qu'elles paraissent être, faites confiance à votre instinct et creusez la question. Votre adolescent peut se trouver dans une situation impossible, inquiet à l'idée que l'issue de cette affaire pourrait signifier la fin d'une amitié; peut-être est-il en train de ployer sous la pression.

À deux heures du matin, l'ami de Simon, Adrien, appela plusieurs filles de sa connaissance qui aimaient faire la fête. Simon n'était pas d'humeur, mais, ne voulant pas passer pour un dégonflé, il fit semblant de se sentir mal. Avant l'arrivée des filles, Simon appela son père, au milieu de la nuit, pour qu'il vienne le chercher chez Adrien. Il lui dit qu'il était malade et qu'il valait mieux revenir à la maison. Dans la voiture, le père demanda calmement à son fils désemparé s'il avait envie d'en parler.

CINQ CONSEILS POUR CREUSER UNE QUESTION

- Soyez subtil lorsque vous amenez le sujet sur le tapis.

- Posez des questions ouvertes sans être trop inquisiteur.

- Soyez attentif au non-dit.

- Ne présumez de rien ; si vous ne comprenez pas, demandez des précisions.

- Faites preuve de patience, explorez lentement le sujet d'une voix impassible.

Lorsque votre adolescent vous ouvre son cœur chargé d'émotion, recevez ses confidences avec la tendresse et le soutien aimant d'un ami. Charlotte sortait avec Michel depuis trois semaines lorsqu'elle a commencé à entendre des ragots racontant « jusqu'où » elle allait dans l'intimité avec Michel. Horrifiée, Charlotte chercha à découvrir qui était responsable de ces commérages. Il s'est avéré que l'une de ses meilleures amies, Marion, avait répandu la rumeur.

SEPT ASTUCES POUR DÉMONTRER VOTRE SOUTIEN

- Démontrez un intérêt à aider votre adolescent sans pour autant prendre le problème à votre charge.

- Établissez bien la distinction entre vos sentiments et ceux de votre adolescent afin de rester calme et d'être en mesure de l'aider.

- Racontez à votre adolescent une situation similaire tirée de votre propre vie.

- Parlez des joies et des peines, qui sont des faits de la vie.

- Demandez à votre adolescent s'il aimerait recevoir vos conseils.

- Exprimez votre conviction que votre enfant fera le bon choix.

- Ne révélez pas les confidences de votre adolescent.

L'art de l'escrime verbale

Votre adolescent a trouvé sa voix. Tel un diplomate, il revendique toujours plus de privilèges, de liberté et d'indépendance. À mesure que votre adolescent prend de la maturité, il acquiert un vocabulaire élaboré qu'il tente de mettre à l'essai par le biais de débats difficiles. Vous pouvez ne pas avoir envie de vous engager dans de telles discussions avec votre adolescent ; cependant, vous vous retrouvez au centre de joutes verbales qui semblent ne plus devoir s'arrêter. Ce dialogue confus est frustrant et se termine souvent sur une conclusion insatisfaisante.

Que vous demande réellement votre adolescent et comment devez-vous réagir ? Est-il en train de tester votre habilité à raisonner ou y a-t-il un message sous-jacent derrière lequel se cache une vérité ? Sous la pression de ses amis, votre adolescent peut se sentir obligé de faire des choses pour lesquelles il n'est pas prêt ou dont il n'a pas envie. Il peut espérer que vous l'en empêchiez et que, pour l'aider à ne pas perdre la face devant ses amis, vous disiez à ceux-ci : « Je ne veux pas qu'il le fasse. »

Pour savoir ce que votre adolescent vous demande vraiment, écoutez-le attentivement. Plutôt que de contester, renvoyez-lui certains de ses propres mots. Cela pourrait ressembler à quelque chose comme : « Maman, il n'y a pas de raison que je n'aille pas à cette fête. Tout le monde y va ! » Votre réponse serait : « Alors, tout le monde va à la fête et tu ne vois pas de raison de ne pas y aller. » Grâce à l'écoute active, vous serez en mesure de discerner s'il y a un projet secret. Si vous aviez plutôt choisi l'affrontement, vous auriez fait figure de méchant. Vous pouvez sentir le soulagement de votre adolescent, à qui vous n'avez pas accordé la permission d'aller à cette fête. Peut-être votre adolescent a-t-il eu peur de se retrouver pris dans une situation dangereuse et ne savait pas trop bien comment en sortir.

Tout comme un avocat futé l'aurait fait, votre adolescent a constaté des lacunes dans bon nombre de vos arguments. Habituellement beaucoup plus tard, vous découvrez que la vraie raison de ce débat, c'est qu'il se croit maintenant assez vieux pour obtenir plus de permissions ou de privilèges. Lorsqu'il élève la voix et prend de l'assurance, vous réagissez en n'ajoutant plus un mot, en cessant d'écouter et en voulant mettre fin à cette discussion au plus vite. Mais débattre est en fait un signe positif qui montre que votre enfant est en train d'apprendre l'art de la négociation. Lorsqu'il continue à expliquer son point de vue, il peut fermer la porte à toutes les avenues qui pourraient mener à un « non ». Si rien n'est fait, vous pourriez vous retrouver au centre d'une véritable rébellion après quelques semaines. C'est pourquoi vous devriez essayer ces techniques afin de créer une situation gagnant-gagnant.

- Ne bougez pas, gardez votre calme et regardez votre adolescent droit dans les yeux.

- Soyez attentif au non-dit et surveillez le langage corporel de votre adolescent.

- Répétez en d'autres mots ce que votre adolescent est en train de vous dire et résumez sans porter de jugement ni donner votre opinion.

- Demandez à votre enfant d'être plus précis : « Explique-moi en quoi cela représente un problème pour toi. »

- Une fois qu'il a eu la satisfaction d'exprimer son point de vue, faites ressortir un élément de frustration : « Tu es incroyablement frustré de devoir rester à la maison alors que tout le monde va à la fête. »

- Votre adolescent peut ne pas être d'accord avec l'idée que vous suggérez et vous présenter un autre motif de frustration. Renvoyez-lui cet autre argument.

- Expliquez-lui les raisons de votre décision, puis suggérez-lui : « Voyons ensemble s'il existe d'autres solutions à ce problème. »

Parlez dans l'obscurité

Juliette est rentrée d'un rendez-vous, rayonnante d'enthousiasme. En mettant les pieds dans la maison tranquille, elle a vu son père assis sur le canapé qui lisait en attendant son retour. « Papa ! Tu ne devineras jamais ce qui s'est passé ! » Après avoir joyeusement raconté sa soirée, Juliette s'est penchée sur son père somnolent pour l'embrasser. « Bonne nuit, papa », murmura-t-elle.

Comparez cette situation à cette autre scène familière à tout adolescent. Juliette entre dans l'obscurité de la maison. Sans faire de bruit, elle se glisse dans la chambre de ses parents endormis pour leur dire bonne nuit. Le lendemain matin, Juliette surgit dans la cuisine pour le petit déjeuner. Tout en sirotant son café, sa mère lui demande comment s'est passé son rendez-vous de la veille. Pas tout à fait réveillée, Juliette grommelle « bien ». Sa mère tente de lui poser encore quelques questions, mais l'irritation dans la voix de Juliette met fin à la conversation.

Tant de fois, nous gaspillons une occasion de communiquer. Nous voyons les adolescents comme des êtres inatteignables et inaccessibles. Nous devrions plutôt chercher de nouvelles façons de nous rapprocher d'eux. Souvent, lorsque nous voulons leur parler, eux ne le veulent pas. Et, comme dans la plupart des maisonnées actives, lorsqu'ils sont disposés à parler, nous sommes occupés à autre chose. Lorsque nous élevons des adolescents, nous devons trouver de nouveaux moyens de demeurer proches d'eux.

Parler dans l'obscurité avec votre adolescent peut être l'une de vos expériences préférées. Seul, fatigué et plus vulnérable que jamais, votre adolescent baissera la garde et vous permettra de pénétrer dans son monde, même si ce n'est que pour un instant. C'est le moment de prêter l'oreille à ses espoirs et à ses rêves, à ses soucis et à ses préoccupations. Un moment où votre journée à l'un comme à l'autre est enfin terminée et où vous êtes prêts à relaxer.

Vous pouvez commencer par poser gentiment des questions indirectes pour l'amener à parler. Par exemple : «Tu sembles très fatigué aujourd'hui» ou «Je suis vraiment fier de la façon dont tu as traité le problème à l'école. Comment as-tu pensé de cela ?» Apprenez quelque chose de nouveau sur votre adolescent sans lui donner votre opinion et sans lui suggérer d'autres moyens qu'il aurait pu utiliser pour venir à bout de la situation. Il s'agit là d'une occasion naturelle de découvrir ses espoirs et ses rêves, ses compétences et ses intérêts, ce qu'il aime et ce qu'il n'aime pas, ses amis et ses héros.

Recevez ces confidences qui surviennent dans la nuit comme l'indication d'une communication profonde et significative avec votre adolescent. Pendant que vous partagez ce moment, sachez que votre adolescent a du mal à traduire ses sentiments en mots et peut être réticent à exprimer ses émotions. Dites-en le moins possible. Essayez de ne pas faire la leçon ni de donner des conseils. C'est à votre adolescent de parler. Répondez-lui par un hochement de tête ou une tape sur l'épaule. Montrez-lui que vous écoutez en posant la question « Qu'as-tu fait après ? » Si votre adolescent vous fait part d'histoires cocasses, percevez-y l'humour et riez.

Les moments passés avec vous une fois les lumières éteintes fournissent à votre adolescent une occasion d'avoir toute votre attention et de se sentir aimé et utile. Pour votre adolescent, ces conversations dans la pénombre sont des réminiscences de sa petite enfance, à l'époque où vous le câliniez et lui lisiez des histoires à l'heure du dodo. Dans le tourbillon de la vie, prendre ces quelques minutes de paix pour échanger avec votre enfant et l'écouter vous rapprochera plus que jamais de lui. Ces années passent vite et votre adolescent quittera bientôt la maison. Vous vous féliciterez d'avoir pris le temps de vous attarder, de vous apaiser et d'écouter. Pour communiquer profondément avec votre adolescent, dialoguez dans la pénombre. Voici quelques amorces pour vous aider à commencer.

- « J'étais en train de me rappeler l'époque où... »
- « J'ai fait ça aussi quand j'étais jeune. »
- « Ça m'est arrivé à moi aussi. »
- « Te souviens-tu... ? »

Résorbez les conflits avec votre adolescent

Certains conflits au cours de l'adolescence sont normaux. Votre enfant essaie peut-être différents comportements pour voir ce qui fonctionne et ce qui ne fonctionne pas, ou se sert de l'argumentation comme un moyen de décharger ses tensions. Ces discussions peuvent avoir trait à des choses simples, telles que des vêtements sales ou une chambre en désordre. À certains moments, vous avez probablement l'impression que votre adolescent conteste chaque règle de la maison.

En tant que parent, vous êtes peut-être préoccupé par le nombre de discussions que vous avez avec votre adolescent. Si des conflits surviennent plus de trois fois par semaine, qu'ils sont d'une intensité à faire élever la voix et que les bons sentiments que vous avez les uns pour les autres sont mis à mal pendant plus de deux jours, vous faites face à un problème.

Mettez un terme aux scénarios qui se sont révélés inefficaces. Ne cherchez plus à déterminer qui a tort et qui a raison et passez en mode «compromis». Énoncez le problème tel que vous le voyez et écoutez votre adolescent vous le décrire sans l'interrompre.

Faites-lui savoir de quelle manière le conflit vous affecte. « Quand tu cries, j'ai du mal à comprendre ce que tu essaies de me dire.»

Établissez mentalement une limite de trente minutes pour discuter d'un problème. Après ce laps de temps, si rien n'a avancé, acceptez de faire une pause et fixez un autre moment, plus tard dans la journée, pour rouvrir le débat. Après une dispute, il faut vingt bonnes minutes pour se ressaisir et retrouver son calme. Toutefois, cette période de décompression se prolongera si vous continuez à penser au conflit et si vous ne laissez pas vos émotions revenir à la normale.

En adoptant une attitude ouverte et en établissant une limite sur laquelle tout le monde est d'accord, vous enseignez à votre adolescent à lutter avec équité. Bannissez tous surnoms, mauvaises blagues ou reproches de votre foyer et exigez de chacun qu'il fasse preuve de respect, même s'il n'en a pas envie. Enseigner à votre adolescent à assumer la responsabilité de ses propres sentiments est l'un des plus beaux cadeaux que vous puissiez lui faire. « Je ne vais pas me battre avec toi. Je m'en vais dans ma chambre. Quand tu seras prêt à parler sans crier, tu viendras me chercher.»

Découvrez tous les moyens de diminuer le nombre de batailles quotidiennes. Décidez de ce qui est réellement important et de ce qui ne l'est pas. Trouvez de nouvelles façons créatives d'aborder les problèmes. « J'ai trouvé ton linge propre sur le plancher avec tous tes vêtements sales. Peux-tu m'aider à m'y retrouver ? » Ou

«Ton heure pour aller au lit est onze heures, mais je te trouve souvent sur Internet après cette heure. Sans modifier ton heure de coucher, as-tu une idée sur la manière dont nous pouvons résoudre ce problème ?»

Pour éliminer les accrochages quotidiens qui surviennent pour des vétilles, rédigez un contrat qui définit clairement les attentes de la maisonnée et les conséquences en cas de manquement. Voici comment.

- Établissez positivement et précisément toutes les corvées et les comportements attendus.
- Demandez à votre adolescent de dresser la liste des sanctions encourues pour manquement à ces exigences.
- Distribuez des points ou des billets remboursables pour chaque corvée accomplie ou comportement adopté.
- Faites en sorte que les sanctions soient immédiates, appropriées et exécutées aussi agréablement que possible.

POUR RÉDUIRE LES CONFLITS ENTRE VOUS ET VOTRE ADOLESCENT, ESSAYEZ CES CONSEILS.

- Parlez calmement, mais fermement.
- Gardez votre sang froid.
- Prenez de nombreuses pauses pour permettre à votre enfant de prendre la parole.

- Si vous avez des difficultés à résoudre un problème, écrivez une lettre pour établir votre position.

- Laissez votre adolescent être en colère, sans essayer de le calmer, mais dites-lui de l'être dans sa chambre.

- Faites un effort conscient pour discuter entre vous sur une base régulière.

Désamorcez la mauvaise humeur

Bien que la colère puisse perturber temporairement votre relation, aider votre adolescent à gérer ses émotions vous permettra de demeurer en communication, même dans les moments difficiles. Lorsque votre adolescent sent qu'il perd ses moyens, il se tourne vers vous à la recherche d'une ancre au milieu de la tempête. En prenant du recul, en demeurant calme et en ne réagissant pas, vous en arriverez à voir dans chaque geste d'humeur de votre adolescent une occasion pour lui de s'entraîner à faire face à ses frustrations.

Le dialogue intérieur de votre adolescent (le discours qu'il se tient à lui-même à l'égard d'une situation) est la clé de son humeur changeante. Est-il en train de se dire que quelqu'un, délibérément, lui a causé du tort, lui a fait peur ou l'a embarrassé devant les autres ? Votre adolescent se répète-t-il ce discours avec une intensité croissante ? Ressasse-t-il un dialogue intérieur de plus en plus négatif ? À mesure que votre adolescent rumine des pensées chargées d'une énergie puissante, son pouls augmente, sa respiration raccourcit et une oppression se fait sentir dans sa poitrine.

Il peut heureusement compter sur vous, comme parent aimant, pour l'aider à prendre conscience de ces premiers signaux afin qu'il interrompe sa ligne de pensée avant de se laisser dominer par une saute d'humeur. Lorsque vous remarquez que la colère est en train de gagner votre adolescent, arrêtez-le sur-le-champ et dites-lui d'expirer en se servant des muscles de sa poitrine. En expirant sans inspirer, votre adolescent va ralentir son rythme cardiaque ainsi que la poussée d'adrénaline qui suscite la colère en lui. Une fois qu'il a expiré, demandez-lui de vous dire ce qu'il est en train de se dire à lui-même en ce moment très précis.

Lorsque vous enseignez à votre adolescent à maîtriser son dialogue interne, votre tâche la plus difficile est de le convaincre que ce qu'il pense est à la source de sa mauvaise humeur. Choisissez un moment où votre enfant est calme et détendu. Demandez-lui comment il peut dire quand il est en colère. Vous pouvez lui donner des pistes en lui demandant « Peux-tu le sentir dans ton corps ? » Ou encore « Je remarque, quand je suis contrarié, que mon cœur bat plus vite ; est-ce que ton cœur fait ça aussi ? » Si votre adolescent a encore du mal à se rappeler les symptômes physiques qu'il ressent lorsqu'il est en colère, demandez-lui de repenser à un événement particulièrement douloureux et de découvrir l'endroit où il sent l'émotion. Est-ce dans la tête, dans le cœur, dans la poitrine ou dans l'estomac ? La première étape pour apprendre à votre adolescent à interrompre sa morosité consiste à lui faire prendre conscience des réactions corporelles qui se manifestent lorsque la colère monte en lui.

Vous pouvez également enseigner à votre adolescent un vocabulaire propre à exprimer les sentiments. Ainsi il sera en mesure de reconnaître et d'exprimer des émotions confuses au-delà des mots « heureux », « triste », « fâché » ou « effrayé ». Cela vous sera d'autant plus utile si vous avez un adolescent particulièrement sensible. L'apprentissage de nouveaux mots tels que « embarrassé », « frustré », « déçu » et « anxieux » permet d'acquérir une langue exprimant des émotions. Cet outil est essentiel à votre adolescent dans ses relations présentes et futures.

Il faut environ quatre à six semaines pour que votre adolescent accomplisse des changements notables dans sa façon de gérer sa colère. Votre enfant peut commencer par se dire des phrases auto-apaisantes telles que : « Je vais rester calme », « Je peux choisir ma réaction » et « Je suis responsable de ma colère. » La colère s'apprend, l'apaisement aussi. Demandez à votre adolescent de dresser une liste des choses qui l'apaise et de l'afficher dans sa chambre. Beaucoup d'adolescents considèrent que les techniques suivantes leur font du bien.

- Enfiler un casque et écouter de la musique.
- Écrire de la poésie ou tenir un journal intime.
- S'engager dans une activité physique (promenade, danse) au son d'une musique forte.
- Déchirer une feuille de papier en petits morceaux.
- Prendre une douche ou un bain chaud.
- Frapper sur un ballon de boxe dans le garage.
- Appeler un ami.

Trouvez de nouvelles approches

Jeanne aimait véhiculer l'équipe de natation de son fils pour les séances d'entraînement. C'était un des rares moments où elle pouvait être présente dans la vie de son adolescent tout en étant invisible. Pendant que Jeanne conduisait son fils et ses amis à la piscine, les garçons oubliaient qu'elle écoutait leur conversation. Engagés dans un badinage taquin, ils parlaient du dernier incident à l'école, de qui sortait avec qui et des problèmes qu'ils avaient en classe. Jeanne devait retenir sa langue constamment pendant le trajet, se gardant de faire des commentaires ou de donner des conseils. Elle avait appris très tôt que c'eût été le plus sûr moyen de mettre un terme à toute conversation révélatrice. Jeanne maîtrisait l'art de ne pas se faire remarquer pour en apprendre plus sur la vie de son fils et sur son environnement social.

Faites de votre maison un havre pour les adolescents en leur fournissant des collations et de l'espace privé garni d'une variété de divertissements. Invitez votre adolescent et ses amis à venir dans la cuisine manger des biscuits chauds. Rien ne favorise plus le dialogue qu'une cuisine regorgeant de collations prisées par les adolescents. Vous pourriez même en apprendre plus que vous n'auriez souhaité. Les biscuits peuvent être très efficaces pour encourager des adolescents à parler et à rire.

Comme parents, nous avons tendance à continuer à utiliser les mêmes anciennes méthodes lorsque nous interagissons avec nos adolescents. Ces techniques fonctionnent peut-être avec d'autres membres de la famille ou ont été efficaces lorsque vos parents vous ont élevé. Jetez un regard nouveau sur votre façon d'assumer votre rôle de parent. Faites une distinction entre vos sentiments et le comportement de votre adolescent: prenez du recul pour regarder objectivement la façon dont vous établissez des limites et amenez des changements. Expérimentez, explorez et découvrez des moyens inhabituels et uniques d'élever votre enfant durant ces années parfois parsemées d'essais et d'erreurs. Testez de nouvelles solutions pour de vieux problèmes. Inventez une manière originale de communiquer.

Les changements auxquels vous procéderez auront un effet domino et votre adolescent aura besoin d'apprendre de nouvelles façons de se comporter avec vous. Approfondissez votre communication à travers les moments passés ensemble, l'écoute active et les paroles encourageantes. Sachez au plus profond de votre cœur que votre plus grand désir est de créer une relation riche qui durera toute votre vie.

Voici quelques nouvelles approches à essayer avec votre adolescent.

- Travaillez les points problématiques et ne tentez pas de réparer ce qui n'est pas brisé.

- Lorsque vous donnez des directives, faites-le avec le moins de mots possible.

- Écoutez davantage et parlez moins.

- Entretenez un dialogue sur une base quotidienne, non pas seulement en période de crise.

- Passez du temps avec votre adolescent à explorer l'un de ses intérêts.

- Enseignez-lui le respect, la reconnaissance et l'acceptation.

- Faites une « pause parent » lorsque vous êtes furieux.

- Prévoyez des soirées en famille aussi bien que des soirées en tête-à-tête.

- Bavardez tout en faisant autre chose en même temps. Ce sera un moment où votre adolescent baissera sa garde.

- Dressez une liste des tâches qu'il peut faire pour gagner des privilèges supplémentaires.

- Représentez-vous un adolescent heureux, concentré et qui réussi bien, surtout si ce n'est pas le cas.

Ouvrez la porte à l'humour

Les adolescents ont un merveilleux sens de la drôlerie et n'ont pas peur d'être ridicules. Leurs journées sont plus heureuses lorsqu'ils se sentent branchés au reste du monde par l'humour. On entend beaucoup d'adolescents dire : « Je me sens bien lorsque je suis avec mes amis. On traîne, on écoute de la musique très forte et on rit beaucoup. » Leur taux d'endorphines augmente lorsque les adolescents rient, ce qui stabilise leur humeur et les fortifie contre le stress. Lorsqu'on rit, notre concentration s'en trouve améliorée et les petites irritations ne semblent pas si graves. La tension se dissipe à la maison et un sentiment de bien-être s'installe.

Ce qui amuse les garçons est souvent très différent de ce qui amuse les filles. Votre garçon peut vous taquiner avec un jeu de mots ou vous poser des questions dont il sait pertinemment que vous n'en connaissez pas les réponses. Il joue des tours pendables et s'attend à ce qu'on lui en joue aussi. Votre fille peut pouffer de rire lorsque vous faites quelque chose de drôle et le raconter à ses amies. En fait, elle peut même vous imiter ! C'est sans doute inhabituel pour elle de raconter des blagues, mais elle jouera volontiers des tours à ses amies. Elle aime être en groupe avec ses copines et rire des petites histoires qui arrivent à l'école.

Une mère avait emprunté à une amie un costume de poulet pour l'Halloween. Pour faire une blague, elle porta la tête du poulet lorsqu'elle est allée chercher son fils à sa nouvelle école. Tandis qu'elle était assise dans le terrain de stationnement bondé coiffée de la tête en peluche, son fils et les copains de celui-ci se dirigèrent lentement vers la voiture. Le garçon n'avait pas vu sa mère jusqu'à ce que son ami lui dise : « Qu'est-ce que ta mère a sur la tête ? » Mi-horrifié, mi-amusé, le garçon s'exclama : « Maman, ne viens plus jamais à l'école comme ça ! »

Si votre adolescent n'a pas le sens de l'humour par nature, vous pouvez lui apprendre à l'acquérir. Pratiquez l'humour plutôt que l'humiliation lorsqu'une absurdité survient dans votre vie. Décrivez l'événement à votre adolescent de manière à ce qu'il puisse s'y identifier. Désamorcez la tension ou dissipez un malaise avec une petite boutade. Au milieu d'une séance de photos de vacances, alors que ses frères et sœurs se lamentaient et s'en prenaient les uns aux autres, un des adolescents lança d'une voix forte : « Les photos de famille, c'est le bonheur total ! » Tout le monde pouffa de rire, l'esprit du groupe changea et d'excellentes photos furent prises.

Riez de vous-même et racontez des histoires drôles ou embarrassantes qui vous sont arrivées. Asseyez-vous autour de la table et décrivez cette chose cocasse que vous avez vécue. Demandez à votre adolescent de chercher dans sa mémoire et de raconter une histoire. Au début, il peut être maladroit à livrer le récit, mais, avec le temps, il prendra plaisir à vous faire part d'histoires drôles. Rire en famille vous permettra d'atténuer l'intensité d'une déception et aidera votre adolescent à se sortir d'une situation potentiellement négative.

En ouvrant la porte à l'humour, vous aidez votre famille à communiquer par l'intermédiaire d'une attitude ludique et d'une habileté à rire des mêmes choses. Grâce à l'humour, chacun sent qu'il appartient à une famille et qu'il peut surmonter avec elle les difficultés.

VOICI QUELQUES CONSEILS POUR AIDER VOTRE FAMILLE À SE DILATER LA RATE.

- Découpez des bandes dessinées dans le journal et collez-les sur le réfrigérateur.

- Racontez un événement embarrassant que vous avez vécu avec un rire dans la voix.

- Visionnez ensemble une comédie.

- Concentrez-vous sur la partie d'une histoire à laquelle votre adolescent peut s'identifier et faites-en ressortir le côté drôle.

- Faites des calambours, amusez-vous des fautes commises et souriez lorsque votre adolescent est bougon.

- Considérez l'enseignement par l'humour comme un vecteur de bien-être et de bonne santé psychologique.

La réponse que vous recevez correspond au message que vous envoyez

À mesure que nos enfants grandissent, la façon dont nous communiquons avec eux peut changer du tout au tout, nous faisant passer de l'attitude compatissante au ton autoritaire. Quand ils avaient deux ans et accouraient en pleurant pour un genou éraflé, nous leur disions avec beaucoup de sympathie : « Oh, tu es tombé ? » Puis, à l'âge de la maternelle : « Oh non, ça doit faire mal. Laisse-moi te mettre un pansement. » En l'école primaire : « Oh, ça fait mal. Il faut désinfecter ça et attacher tes chaussures pour que ça ne t'arrive plus. » Au milieu du primaire : « Mets-toi un pansement. Si tu boucles tes lacets de chaussures, tu ne trébucheras pas. » À l'adolescence, l'empathie se transforme parfois en une demande pure et simple : «Attache tes lacets.»

Ce qui semble être une communication efficace est désormais régulièrement perçu par votre adolescent comme un ordre, un blâme et une désapprobation. Le fil de la communication est rompu. Cette difficulté à parler la même langue intervient à un moment où votre enfant est préoccupé par la pression et le stress qu'il subit. Le discours qu'il perçoit de votre part peut être très différent de ce que vous avez réellement dit. Lorsque vous voulez lui mentionner un détail mineur et que vous lui dites

«Marc, il faut que je te parle», vous répond-il : «Ai-je fait quelque chose de mal?»

Découvrez où vos messages risquent de perdre leur sens. Prenez un peu de recul et observez si vous donnez plus d'ordres que vous n'adressez de demandes. Votre voix comporte-t-elle des inflexions familières de mécontentement? Avez-vous plus tendance à donner des leçons qu'à avoir des échanges réciproques? Traitez-vous votre enfant avec le même respect que vous le feriez avec un ami? Ou l'interrompez-vous lorsqu'il conteste vos dires?

Il existe un effet domino dans la communication. Deux personnes ne peuvent pas interagir comme elles l'ont toujours fait si l'une des deux modifie un tant soit peu sa manière d'agir. Trouver un terrain d'entente sur votre mode de communication permettra d'éviter des querelles récurrentes et atténuera certains comportements désagréables de votre adolescent. Vous pourriez vous ouvrir à votre adolescent et lui dire : «C'est la première fois que j'élève un adolescent. C'est tout nouveau pour moi aussi.» Faites en sorte que toutes vos communications soient directes, sans intentions cachées et sans sous-entendus. S'il y a quelque chose d'important dont vous devez discuter avec votre adolescent, planifiez d'abord la discussion afin que vos questions laissent transparaître de la confiance et de la considération. Parlez calmement, mais avec assurance, et n'oubliez pas de faire correspondre vos paroles avec votre ton de voix et votre langage corporel.

Lorsque vous adressez un compliment, faites en sorte de ne pas le défaire malencontreusement: «Merci d'avoir fait le ménage dans la salle de bains, mais tu as oublié de laver autour des robinets.» Réservez cette dernière remarque pour le lendemain. Ralentissez votre débit, surveillez les mots sur lesquels vous appuyez et faites plusieurs formulations du genre «Voyons si nous pouvons arranger ça.»

Vous enseignez à votre adolescent à s'exprimer pour que les autres écoutent. Formulez des messages courts et simples, imprégnés de bienveillance. Nos plus grands dirigeants sont souvent nos plus grands orateurs.

Essayez ces suggestions pour vous aider à livrer le bon message.

- Parlez à votre adolescent comme à une personne, un ami.
- Adressez des réponses directes à des questions directes.
- Devenez la caisse de résonance de votre adolescent.
- Gardez un ton de voix agréable et détendu.
- Retirez tous les «tu» de votre discours lorsque vous discutez d'une chose qui doit être changée.
- Apprenez à votre adolescent à contourner une discussion en utilisant un moyen différent de s'exprimer, comme de noter ses pensées par écrit et de vous les envoyer dans un courriel.

Profitez d'un moment inopiné de communication

Songez un instant à votre adolescence. Quels sont vos moments les plus mémorables ? Qui était présent et que faisiez-vous ? Rappelez-vous ces moments spéciaux et les images, les odeurs et les sentiments qu'ils recèlent. Il est plus que probable que vos parents, vos frères et vos sœurs fassent partie de bon nombre de vos souvenirs heureux.

Geneviève se revoit derrière la grande baie vitrée, debout avec sa mère, juste avant Noël, la veille de son quinzième anniversaire. Il était près de minuit et la plupart des lumières avaient été éteintes. La neige tombait à gros flocons dans des rafales de vent. « Souviens-toi de cette journée, dit sa mère. On est dans notre maison, toi dans ta chemise de nuit rose et moi dans ma chemise de nuit bleue. On est là à regarder chaque flocon de neige tourbillonner et chacun est aussi unique que toi. Chaque fois que tu verras tomber de la neige, souviens-toi de ce jour. » La mère de Geneviève a profité d'un moment inopiné de communication.

Des occasions se présentent chaque jour, mais nous sommes souvent trop occupés pour prendre le temps d'arrêter et de les remarquer. La plupart du temps, vous êtes la personne qui adresse des demandes et lorsque votre adolescent refuse de collaborer, la situation peut devenir passablement exaspérante. Vous lui avez proposé à plusieurs reprises d'aller ensemble faire un tour, casser la croûte ou voir un film. En essayant de trouver de nouvelles façons de communiquer, vous pouvez avoir le sentiment d'avoir épuisé toutes vos idées. Cependant, lorsque vous y regardez de plus près, vous vous rendez compte tout à coup que toutes vos propositions s'inscrivaient dans votre horaire de vie plutôt que dans celui de votre adolescent. À partir de ce jour, soyez disponible à cent pour cent la prochaine fois qu'il se présentera une occasion d'ouverture.

De nombreuses possibilités se produisent lorsque vous passez dans une pièce ou vous vous préparez à aller au lit. Votre adolescent peut laisser échapper quelque chose inopinément, juste au moment où vous vous sentez trop fatigué pour avoir une pensée cohérente. Peut-être votre adolescent traîne-t-il à la maison, reste-t-il près de vous et refuse-t-il les invitations de ses amis à sortir. Est-il en train de vous envoyer le message qu'il veut passer du temps avec vous ?

Vous pouvez ne prendre conscience de l'invitation que longtemps après. Chaque mardi, Chloé regarde une émission jeunesse très populaire à la télévision. Un soir, la mère de Chloé décide d'arrêter de courir et d'aller retrouver sa fille. Un rituel régulier est rapidement apparu les mardis. Conjointement, Chloé et sa mère commencèrent à attendre avec excitation le moment de passer ensemble une soirée à regarder une émission de télévision qu'elles aimaient toutes les deux.

APPLIQUEZ CES SIMPLES CONSEILS POUR COMMENCER À CRÉER DES MOMENTS INOPINÉS DE COMMUNICATION.

- Si votre adolescent établit une communication avec vous, inter-rompez sur-le-champ l'activité qui vous occupait, ne serait-ce que brièvement.

- Demandez-lui: «Veux-tu en parler?»

- Lisez le même livre.

- Regardez des émissions de musique populaire et discutez des chansons.

- Prenez une journée de congé pour l'accompagner lorsqu'il ira chercher son permis de conduire.

Écoutez avec votre cœur

La petite amie de Maxime, Julie, venait de rompre. Sa famille et ses amis avaient beau essayer de le consoler, Maxime demeurait complètement abattu. Pendant des semaines, il affichait un visage triste et parlait d'une voix brisée par le chagrin. À mesure qu'il s'enfonçait dans sa mélancolie, ses parents passaient par toute une gamme d'émotions, de la préoccupation à la frustration. Un jour, sa mère, épuisée par cet état constant de déprime, vint s'affaler sur le canapé en face de son fils, qui restait figé devant la télévision à regarder dans le vague. Elle a dit dans un murmure : « Ça fait mal, n'est-ce pas, Maxime ? » Lentement, hochant la tête affirmativement, Maxime s'est mis à parler – de sa douleur, du rejet et de sa peur de ne jamais parvenir à aimer quelqu'un d'autre de la façon dont il avait aimé Julie. Plutôt que de donner des avis et des conseils, sa mère s'est contentée d'écouter tranquillement avec son cœur. Elle entendait le sentiment qui se cachait derrière chaque mot à mesure que Maxime essayait de donner un sens à tout cela.

Chaque adolescent a besoin de raconter son histoire à quelqu'un qui se soucie de lui, et d'être entendu sans recevoir de conseil ni se faire rabaisser. Que vous l'écoutiez sans porter de jugement est une bénédiction. Vous aidez ainsi votre adolescent à se sentir utile, nécessaire et aimé. Lorsque vous écoutez avec votre cœur, votre adolescent se rend compte qu'il n'a pas à faire cavalier seul et que vous êtes une personne en qui il peut avoir confiance.

Pour écouter avec votre cœur, vous devez être présent émotionnellement, physiquement et mentalement. Restez tranquille, cessez de vous déplacer dans la maison, éteignez toute distraction et accordez à votre adolescent toute votre attention. Surveillez son langage corporel et décelez les sentiments qui se cachent derrière les mots. Concentrez-vous sur ce que votre adolescent vous dit plutôt que sur ce que vous allez dire. Évitez d'interpréter et acceptez ses sentiments sans essayer de les changer et sans formuler de suggestion.

Lorsque la voix de votre adolescent est le seul bruit que vous entendez dans la pièce, vous sentez battre votre cœur et vous vous entendez respirer. Le temps semble s'être arrêté et l'amour circulant entre vous deux augmente chaque fois que vous passez de tels moments ensemble. Vous pouvez dire que vous avez vraiment communiqué lorsque votre adolescent commence à se tourner vers vous avec espoir et soulagement.

Vous êtes en train de donner de vous-même et vous êtes « présent » dans le sens le plus pur du terme. Écouter de cette façon, c'est comme étreindre votre adolescent sur votre cœur et lui faire part de l'amour inconditionnel que vous avez pour lui. Cela ne résoudra pas immédiatement le problème, mais lorsque vous cherchez à comprendre votre adolescent, vous ouvrez la porte à des possibilités illimitées d'apaiser son chagrin.

Être vraiment entendu est l'un des plus grands besoins de l'être humain. Nous faisons tout pour être entendus. Nous devons nous faire entendre. Nous donnons à nos fils le sens de la compassion et nous leur enseignons un langage qui leur permettra de décrire leurs expériences. Nous enseignons à nos filles à s'exprimer et à lâcher prise plutôt qu'à maintenir une comptabilité de chaque faute commise à leur égard.

En écoutant votre adolescent en toute simplicité, vous lui offrez amour et bienveillance et vous profitez d'une belle occasion d'approfondir votre relation. Fixez ce moment pour qu'il dure à jamais entre vous. Il peut faire la différence entre la guérison et la douleur persistante. Cette période est brève et est vite passée. Pour communiquer profondément avec votre adolescent, écoutez-le avec votre cœur.

4

*Pourquoi votre adolescent
a-t-il besoin de tant d'espace?*

33

Embrassez la « poire de cactus »

Il était une fois un enfant bien-aimé, tendre et câlin qui adorait recevoir l'amour de sa mère, la reine, et de son père, le roi, et qui leur rendait volontiers cette douce affection. À mesure que les années s'écoulaient, ce petit paquet de plaisir grandissait et mûrissait. Bientôt il se métamorphosa en une nouvelle espèce hybride, la « poire de cactus ». L'enfant céda le pas à l'adolescent recouvert d'une épaisse pelure épineuse qui décourageait les caresses et les baisers les plus affectueux. Le couple royal s'en trouva bouleversé, confus et parfois agacé de voir ce nouveau fruit exotique rejeter toutes ses avances.

La relation parent/enfant subit une énorme transformation lorsque l'enfant entre dans l'adolescence. La pelure de « poire de cactus » est la frontière que l'adolescent a érigée entre vous et lui. Même s'il veut rester proche de vous, votre adolescent peut estimer que votre chaleur et vos caresses ne lui sont plus nécessaires et il n'a pas encore suffisamment mûri sur le plan émotionnel pour accepter votre affection. Il peut considérer ces tentatives faites de bonne foi comme intrusives, voire même grossières. Parfois, il recherche un câlin ou une accolade, mais ces moments semblent plutôt rares. Mettre en place et maintenir une proximité physique :

voilà une quête noble et digne qui assurera le bien-être général et la santé de votre adolescent.

Pour y parvenir, il faut apprendre les codes qui permettent de communiquer avec votre adolescent. Ce dernier est programmé pour repousser vos tentatives d'exprimer votre affection et il prend cette tâche très au sérieux! L'astuce est de reconnaître à quel moment vos approches ou vos tactiques sont inappropriées ou malvenues. Si vous avez déjà établi une relation expressive avec votre adolescent, il vous sera plus facile de maintenir des avenues d'échanges positifs. Par ailleurs, votre adolescent et vous, vous pouvez éprouver des émotions et traverser des conflits qui s'intensifient à mesure que le processus de séparation s'opère, ce qui crée forcément une distance physique.

Votre adolescent peut ne pas se sentir à l'aise devant les manifestations évidentes d'affection, mais il peut témoigner son estime de différentes façons. Votre fils peut vous montrer son affection en vous taquinant devant ses amis ou en vous serrant trop fort. Et votre fille peut exprimer son amour en se laissant étreindre par vous sans vous rendre la pareille. Votre adolescent peut vous dire «je t'aime, maman» en se glissant dehors avant que vous n'ayez eu le temps de lui répondre «je t'aime aussi».

Évaluez et découvrez le degré de tolérance de votre adolescent à vos étreintes. Il peut ne consentir qu'à une tape sur l'épaule, une brève accolade ou une main passée dans les cheveux. Vous devez découvrir à la fois par la parole et par l'observation ce que votre adolescent est prêt à accepter. « Si tu te sens mal à l'aise à me laisser t'embrasser ou à te faire un câlin, quelle serait la manière acceptable pour toi de te montrer mon affection ? » Demandez-lui comment il souhaiterait que vous lui exprimiez votre estime et l'intérêt que vous portez à sa vie, y compris à quel moment vous pouvez le faire, où et devant quelles personnes. Maintenir un dialogue continu entre vous et votre adolescent peut atténuer les malentendus et procurer satisfaction à tout le monde.

L'affection, l'admiration, le confort et l'amour seront toujours des éléments essentiels au bien-être de votre adolescent, même si celui-ci n'en croit rien. La première chose à faire est de demander la permission : « Puis-je te donner un câlin ? » En cas de refus, essayez de nouveau, à un autre moment, dans une autre situation. Il s'agit là d'une attitude passagère et bientôt votre adolescent se tournera de nouveau vers vous pour vous réclamer tendresse et affection. Cette relation tendre que vous cherchez à établir demandera de la perspicacité, de la persévérance et de la patience. Commencez dès maintenant à établir un effort régulier d'affection et de câlins. Essayez ces suggestions simples.

• Allez toujours dans la chambre de votre adolescent pour lui dire bonne nuit (n'oubliez pas de frapper).

• Manifestez de l'affection quand votre adolescent est content, excité ou joyeux.

- Lorsque votre adolescent est bouleversé, demandez-lui: «Aimerais-tu avoir un câlin?»
- Dites «Je t'aime» à votre adolescent chaque fois qu'il quitte la maison.

Découvrez vos limites et celles de votre adolescent

Depuis la naissance de votre enfant, vous avez maintenu un lien aussi solide que l'acier. Pendant de nombreuses années, rien ne semblait pouvoir affaiblir ce lien, mais votre enfant a grandi et il cherche maintenant à se redéfinir comme un être à part entière. Pendant l'adolescence, il est naturel que votre enfant se demande : « Qui suis-je ? » et « En quoi suis-je différent de mes parents ? » Il s'agit de l'étape la plus importante de son développement et de la base même sur laquelle il édifiera son identité propre.

Votre adolescent a besoin de votre approbation pour se détacher, tout comme, petit, il avait besoin de votre permission pour traverser la rue. Il a besoin que vous acceptiez de manière absolue qu'il ait une identité distincte et individuelle, une identité lui permettant de penser par lui-même, d'apprendre de ses erreurs et d'assumer le risque d'en commettre d'autres. En adoptant en même temps que votre adolescent son désir de changer, vous pouvez grandir avec lui. Dites à haute voix : « J'aime la façon dont tu t'es occupé de cette affaire. Peux-tu me montrer comment tu t'y es pris ? »

Bien que vous lui permettiez d'acquérir de l'indépendance et de se forger une identité propre, il a encore besoin de votre aide pour y parvenir. Soyez présent lorsque son monde s'effondre ou lorsqu'il a commis une bêtise. À travers ces expériences, il gagnera le respect de lui-même et n'aura pas besoin de faire semblant d'être quelqu'un qu'il n'est pas. Pendant cette période de croissance, il en apprend sur lui-même et essaie de nouveaux rôles. Beaucoup de ces rôles seront rejetés tandis qu'un petit nombre mériteront un complément d'enquête.

Plus votre adolescent se sent en confiance et en sécurité, plus il peut se distinguer de la famille. Entretenez une communication durable avec votre adolescent en l'aidant à situer la ligne séparant vos limites respectives. Voici des signes indiquant que votre adolescent a des limites saines.

- Il entretient des amitiés.
- Il peut et doit établir une distinction entre ses propres sentiments et ceux des autres.
- Il fait des démarches pour atteindre des buts et satisfaire des désirs.
- Il sait comment combler des besoins d'une manière saine.

Apprendre à établir et à maintenir des limites saines et à se développer comme individu est un processus à long terme et votre adolescent peut ne pas l'avoir totalement achevé. Pour l'aider à s'y retrouver, essayez de mettre en œuvre ces stratégies.

- Donnez à votre adolescent le loisir d'assumer la responsabilité de sa pensée, de ses émotions et de ses comportements.

- Apprenez-lui la débrouillardise et sensibilisez-le aux situations dangereuses.

- Fixez les limites de son espace physique à l'endroit où vous constatez un malaise. Demandez-lui de définir ce sentiment de malaise.

- Répétez tout haut ce qu'il faut dire et faire si quelqu'un le rend mal à l'aise en outrepassant cette frontière.

Voyez l'arbre au milieu de la forêt

Chantal est arrivée à l'école pour y chercher son fils. Après vingt minutes d'attente, elle décida de se promener dans la cour pour aller à sa recherche. S'approchant d'un grand cercle d'étudiants, elle demanda aux garçons s'ils avaient vu son fils, Jérémie. Juste à côté d'elle, elle entendit une voix profonde : « Je suis ici, maman ». Son fils, avec ses mèches piquetées, ses pantalons flottants et son T-shirt, se fondait totalement dans le groupe ! Elle s'était dirigée vers lui sans jamais l'avoir reconnu.

Ce que l'on « voit » et ce que l'on « entend » est un état d'esprit. Nos perceptions règlent nos pensées. Lorsque le mot « adolescent » est prononcé, certains parents hochent sagement la tête en signe de sympathie. Une nette image d'agitation, de confusion et de sautes d'humeur surgit dans leur esprit. Autant votre adolescent cherche à être comme ses amis, autant il veut que vous le considériez comme unique et ayant un but particulier à accomplir dans ce monde. Communiquez d'une manière agréable avec votre adolescent : percevez-le comme un individu à part entière plutôt que comme un être faisant partie d'un groupe ; découvrez ses espoirs, ses rêves et ses passions.

Vous pouvez vous inquiéter à l'idée que votre adolescent pourrait mal tourner. Il est plus que probable que vous soyez dans l'erreur. Quelle est la situation, dans son ensemble? Est-il avant tout un bon enfant? Si tel est le cas, apaisez votre anxiété et regardez au-delà de la forêt qui vous cache les arbres pour voir ce que votre adolescent est en train de devenir. Examinez ses points forts plutôt que ses faiblesses. Maintenez une approche individualisée.

Même si la musique de votre adolescent joue fort et fait vibrer le plancher, cette musique n'est pas ce qu'il est, mais ce qu'il aime écouter. Certaines des affiches dans sa chambre peuvent vous sembler choquantes, mais sous cette forme d'art quelque peu alarmante se cache le cœur aimable de votre adolescent. Rappelez-vous qu'il propose son aide aux autres lorsque ceux-ci en ont besoin et qu'il les écoute même s'il est fatigué. Il est reconnu pour être disponible pour ses amis et pour être souvent prévenant et attentionné. Votre adolescent fait des choix plus judicieux que vous ne pourriez croire, mais ne vous en avertit pas toujours.

Votre relation a été bonne jusqu'ici et il n'y a aucune raison pour que ce soit différent maintenant. Lorsque vos craintes vous empêchent d'avoir un point de vue positif, anticipez l'avenir prometteur de votre adolescent, envisagez la joie et la grâce que son futur recèle. Voici quelques façons de commencer.

• Prenez un moment pour visualiser agréablement votre adolescent.

- Considérez-le comme unique et spécial.

- Reconnaissez ses belles qualités, qui sont différentes de celles de ses amis.

- Aidez-le à découvrir ses motivations.

- Attisez la flamme qui l'amènera à conquérir le monde.

Montez-lui à dire non

En tant que parent, enseigner à votre adolescent à dire non face à une forte pression est peut-être la chose que vous craignez le plus de ne pas réussir. Vous espérez que, grâce à l'influence que vous exercez depuis des années, votre adolescent comprendra comment rester à l'écart d'activités dommageables ou comment s'éloigner lorsqu'on le provoque.

Enseigner à votre adolescent à refuser est une tâche qui vous demandera de la persévérance, car vous devrez surmonter une influence contraire provenant des médias et des amis bien intentionnés de votre enfant. Rappelez-vous que, en tant que parent, vous pouvez avoir quand même suffisamment d'influence pour infléchir l'adolescent le plus vulnérable. Ne commencez pas par le mettre en garde sur les dangers encourus ; expliquez-lui plutôt qu'il n'a pas besoin de s'engager dans cette affaire pour se faire des amis. Racontez-lui une histoire à partir de votre propre passé ou de celui de quelqu'un d'autre, en lui décrivant combien il était difficile de prendre position devant le choix qui s'offrait.

Votre adolescent ressent un immense besoin de faire partie d'un groupe, d'avoir un sentiment d'appartenance. Votre adolescent se sent-il aimable, important et attirant? L'image qu'il a de lui-même est influencée par ses amis. Même si vous croyez que votre adolescent devrait acquérir une confiance en lui-même au sein de la famille, il désirera toujours obtenir l'approbation du groupe. Alors, comment voulez-vous enseigner à votre adolescent à ne pas se rallier au groupe et à oser être différent? Comment lui expliquez-vous qu'il a le droit de dire non et de fixer ses limites pour la vie entière?

Votre adolescent deviendra l'adulte que vous avez prédit qu'il serait. Vous pouvez connaître son comportement futur en renforçant l'image positive qu'il a de lui-même. Enseigner à votre adolescent à refuser, ce n'est pas seulement lui montrer à dire non. Vous devez lui montrer par la parole, l'affection et le langage non verbal que sa raison de vivre va bien au-delà d'une sensation forte éphémère. En devenant le miroir de votre adolescent, vous pouvez lui refléter votre foi en sa débrouillardise et en sa capacité à prendre des décisions éclairées.

Il peut être à la fois effrayant et exaltant d'être confronté à des tentations. Si votre adolescent n'est pas préparé à faire face à la pression, il peut s'engouffrer aveuglément dans une mauvaise situation en croyant qu'il n'existe aucun autre choix. Enseignez-lui à penser: «Quelles sont les choses que je ne veux pas faire?» «Quelles seront les conséquences si je les fais?» «Cette personne fait-elle pression sur moi?» Si ces questions le préoccupent, demandez à votre adolescent d'entendre la sonnette d'alarme qui l'avertit d'un danger.

Enseignez à votre adolescent à éviter d'exprimer de la colère ou du dépit dans le ton de sa voix lorsqu'il dit non à quelqu'un, car cette personne pourrait réagir fortement et défendre âprement son point de vue. Au lieu de cela, il peut envoyer un puissant message verbal en secouant la tête négativement ou en se tenant debout les bras croisés. Encouragez votre adolescent à se garder une excuse en réserve, telle que « Ce n'est pas mon truc ». Explorez avec lui des façons de contourner la situation ou aidez-le à se trouver un nouveau groupe qui lui conviendra davantage. Plus important encore, aidez-le à se fixer des objectifs personnels. Si votre adolescent a une idée claire de son avenir, vous pourrez lui prédire une vie de confiance, de certitude et d'espoir.

ÉTAPES À SUIVRE POUR DIRE NON

1. Nommer la personne et la regarder droit dans les yeux tout en cernant le problème. («Justin, tu veux que je manque l'école.»)

2. Clarifier la demande par une question. («Tu veux que je sèche mon cours et que je m'en aille?»)

3. Exposer les conséquences personnelles qui en découleront. («Si je fais ça, je vais être renvoyé de l'équipe».)

4. Suggérer une solution de rechange. («Au lieu de cela, on n'a qu'à aller au centre commercial après l'école».)

5. Si la personne continue à faire pression, s'en aller.

Apaisez le chaos

Du saut du lit jusqu'au coucher, votre adolescent passe sa journée à remuer d'une distraction à une autre. Il n'y a plus guère de temps pour les routines enfantines qui jadis apportaient de la stabilité au milieu de la confusion. Si vous languissez de voir votre adolescent se transformer en adulte calme, vous pourriez attendre longtemps. Toutefois, vous pouvez créer de nouvelles habitudes pour mettre de l'ordre dans votre maisonnée.

Vous pouvez rétablir des pratiques réconfortantes en considérant votre famille comme un tout dont les interactions et les comportements des membres influencent la sérénité. Passez une semaine à noter par écrit les activités de chaque membre de la famille en indiquant le plus de détails possible. Ensuite, examinez cette liste pour établir les choses que vous pouvez éliminer, les activités pour lesquelles vous pouvez instituer une routine et les changements qui pourraient être faits pour renforcer l'harmonie au sein de votre foyer.

Incluez-y des habitudes quant aux heures de repas (qui devraient être relativement régulières tous les jours) et aux tâches à faire en groupe pour desservir la table, ranger les aliments et laver la vaisselle. Réservez la même routine pour chaque membre de la famille afin de mettre en place un schéma qui soit automatique plutôt qu'autocratique. Si votre adolescent prend une collation dans la soirée, demandez-lui de mettre sa vaisselle dans le lave-vaisselle et de laver le comptoir; ainsi, le lendemain matin, vous ne vous réveillerez pas avec une corvée sur les bras. Établissez et photocopiez une liste des corvées comportant des cases à cocher par votre adolescent lorsqu'il a terminé les tâches qui lui sont assignées ce jour-là.

Éteignez le téléviseur en début de soirée pour réduire le volume de bruit dans votre maison. Prolongez les périodes calmes de lecture ou de visite. Créez un espace d'étude pour votre adoles-cent, bien pourvu en fournitures facilement accessibles. Faites en sorte d'établir une période précise d'étude chaque jour au cours de laquelle il ne sera pas dérangé par ses frères et sœurs, par ses amis ou par le téléphone. S'il dit «Mais je n'ai pas de devoirs», demandez-lui de s'asseoir dans son espace d'étude et de lire pen-dant une heure ou de travailler sur un projet. Cette habitude aura tôt fait d'éliminer le blues du «congé de devoirs».

Laissez près du téléphone une feuille de papier ou un tableau effaçable, de même qu'un stylo qui y est attaché, pour noter tous les messages. La personne qui écoute les messages dans la boîte vocale a la responsabilité de noter l'information exacte. Chaque membre de la famille est ensuite chargé de vérifier la liste pour avoir les détails des appels. Demandez à votre adolescent d'utiliser ce tableau pour vous laisser savoir où il va et avec qui il sort. N'oubliez pas de lui démontrer la même courtoisie en lui laissant des notes indiquant les endroits où vous vous trouvez et à quelle heure vous serez de retour.

Si votre adolescent conduit, demandez-lui de laver et de cirer la voiture et d'y passer l'aspirateur tous les samedis. Fixez une heure où il doit faire le plein afin qu'il n'ait pas à se rendre dans une station d'essence tard la nuit. Pour accroître son sens des responsabilités, enseignez-lui comment faire l'entretien de la voiture, changer un pneu et payer un billet d'infraction.

Prévoyez une période hebdomadaire à passer avec votre adolescent en lui faisant savoir que vous vous réservez ces heures pour profiter de sa compagnie. À moins que vous ne viviez une situation de crise, respectez vos engagements – vous lui montrerez ainsi à quel point il est important pour vous. Il est possible que vous deviez sortir de la maison pour éviter les distractions, vous pouvez néanmoins vous organiser pour que ces sorties soient simples et peu coûteuses.

Si votre adolescent vit une journée particulièrement angoissante, demandez-lui de pratiquer des techniques de relaxation progressive. Apprenez-lui à s'étendre, les yeux fermés, et à imaginer un point rouge de chaleur qui part de l'extrémité de ses orteils et se diffuse dans tout le corps, jusqu'à ce qu'il soit complètement détendu. À ce point, demandez-lui d'imaginer un endroit où il se sent heureux et paisible, et de se dire en lui-même : « Je suis détendu, je suis capable et je me sens bien. »

Il faut faire un effort conscient et y mettre le temps pour édifier une maison calme, mais lorsque les bases seront établies, cette harmonie continuera à procurer à votre adolescent un havre de paix dans ce monde chaotique.

Changez vos qualificatifs

Votre adolescent deviendra l'adulte que vous avez prédit qu'il serait. Dites-lui qu'il est intelligent, bon et digne de confiance et votre adolescent grandira en croyant qu'il est toutes ces choses. Il va vivre sa vie en fonction de ces croyances, comme si ce que vous lui aviez dit était vrai.

Sandrine élevait une fille entêtée, qui, à l'âge de treize ans, était capable de faire fondre sa mère en larmes sur une base presque quotidienne. Un jour que Sandrine s'en plaignait amèrement auprès de sa propre mère, cette dernière lui répondit : « Rachel n'est pas une enfant difficile, elle a une personnalité artistique qui la rend particulièrement sensible à son environnement. » À partir de ce court échange, Sandrine commença à changer la perception qu'elle avait de sa fille : la jeune contestatrice était devenue une adolescente hautement responsable. Âgée maintenant de vingt ans, Rachel jouit d'une merveilleuse relation avec sa mère, dont elle est très proche.

Traitez votre adolescent comme la personne que vous voulez qu'il devienne. Même après qu'il se soit mal conduit, vous pouvez dire : « Alexis, cela me surprend de toi. D'habitude, tu es si réfléchi et aimable.» Remplacez l'épithète «revêche» par l'épithète «expressif», le mot «critique» par le mot «précis». En recadrant les termes de cette manière, vous transformerez votre façon de voir votre adolescent.

Si vous voulez que votre adolescent change son comportement, agissez comme si c'était déjà fait. Faites-le en prenant garde au choix de vos mots, à votre langage corporel et au ton de votre voix. Lorsque vous êtes préoccupé à l'idée qu'il peut faire un mauvais choix, dites-lui : «Je sais que tu vas faire la bonne chose. Tu le fais toujours.» À mesure que vous montez la barre, les attentes de votre adolescent s'élèvent aussi.

Donnez à votre adolescent la possibilité de repartir sur une bonne base. Commencez par rechercher ses bons côtés chaque jour. Remarquez les fois où il est aimable, réfléchi et responsable. Adressez-vous des affirmations positives à vous-même et faites-le au présent, comme si toutes ces formulations étaient vraies. Bientôt ces mots s'imprimeront dans votre esprit et influenceront positivement vos échanges avec votre adolescent. Voici quelques exemples pour commencer.

- «J'ai un adolescent merveilleux.»
- «Nous nous rapprochons chaque jour.»
- «Lorsqu'il discute, il teste sa capacité à négocier.»
- «Je suis si heureux qu'il soit en vie.»
- «Les années d'adolescence sont la période que je préfère.»

- « Chaque jour, je remarque de nouvelles qualités chez mon adolescent. »

- « J'aime mon adolescent de tout mon cœur. »

Maintenant, essayez les techniques suivantes pour vous aider à changer les épithètes que vous utilisez à l'égard de votre adolescent.

- Dressez une liste exhaustive de toutes les belles qualités que votre enfant possède, puis recherchez chaque jour l'une de ces caractéristiques.

- Encouragez positivement plusieurs de ces comportements.

- Abordez un problème à résoudre comme un défi à relever.

- Donnez une tournure positive à un événement négatif.

- Ne prenez pas le comportement de votre adolescent comme vous étant personnellement adressé.

Comment fréquenter votre enfant

Quelques-uns de vos meilleurs moments de communication avec votre adolescent surviennent lorsque vous sortez ensemble. À mesure que votre enfant passe de l'adolescence à l'âge adulte, il a de moins en moins besoin de votre supervision parentale et de plus en plus besoin d'une relation amicale avec vous. Pour encourager cette amitié et cette proximité au fil des années, découvrez des façons amusantes d'être en lien avec votre enfant.

Avec un adolescent dans la maison, vous passez probablement plus de temps à gérer et à surveiller la maisonnée qu'à vous amuser. Lorsque votre enfant était petit, il vous suffisait de vous étendre par terre et de jouer à tous les jeux possibles et imaginables. Aujourd'hui, les pressions au travail, le manque de temps et souvent le manque de ressource font que «jouer» avec son adolescent peut sembler plus une corvée qu'un plaisir. Cela est particulièrement vrai si votre adolescent est engagé dans de multiples activités.

Il faut une énergie créatrice pour capter l'intérêt de votre adolescent déjà occupé; si vous êtes enjoué, vous permettrez à votre enfant de vous voir différemment – comme une personne sur qui il peut compter. Découvrez les moments libres que vous avez tous les deux et dressez une liste des activités que vous pouvez faire ensemble à l'improviste. Vous pouvez planifier une période à passer avec votre adolescent comme vous le feriez pour rencontrer un client. Assurez-vous de demander à votre adolescent si cela lui convient, puis tenez-vous-en à ce calendrier. Si quelque chose d'inattendu se produit, faites tous les efforts pour que cette période passée ensemble ne soit pas sacrifiée. En déclinant d'autres invitations et en honorant votre engagement envers votre adolescent, vous lui montrez à quel point il est spécial pour vous. S'il vous faut absolument manquer une activité prévue avec votre adolescent, assurez-vous de la reporter au calendrier plutôt que de vous priver de ce plaisir.

Même s'il ne s'agit que de dîner ensemble quelque part après un rendez-vous ou de faire un petit saut au centre commercial, votre adolescent appréciera votre attention à son égard. Essayez de faire ces sorties seul à seul. Une tierce personne change radicalement la dynamique de l'interaction et empêche le plus souvent votre adolescent de faire ce qu'il souhaite ou de dire ce qu'il ressent vraiment. Faites des activités physiques. À l'Action de grâce, une famille a l'habitude de jouer au football avant le grand festin. Les membres ne forment qu'un petit nombre de joueurs, mais l'animation et le rire rendent la journée tout à fait mémorable. Au cours de ces moments à passer ensemble, mettez de côté vos soucis et imposez-vous une seule priorité : avoir du plaisir.

VOICI QUELQUES FAÇONS AMUSANTES DE COMMUNIQUER AVEC VOTRE ADOLESCENT. FAITES CES CHOSES ENSEMBLE, JUSTE POUR RIRE.

- Déambulez dans le hall avec un anneau de calepin dans le nez.
- Allez à l'aéroport et faites semblant de saluer des gens.
- Parlez dans une fausse langue étrangère.
- Faites une partie de billard.
- Jouez à un jeu vidéo.
- Étendez-vous sur une couverture une nuit au mois d'août et observez des étoiles filantes.
- Soyez le public de votre adolescent qui essaie de nouveaux vêtements.
- Assistez à un concert et allez ensuite prendre un goûter au restaurant.
- Raclez un grand tas de feuilles d'automne et sautez-y à pieds joints.
- Faites quelques paniers au basketball, même si vous ne savez pas comment vous y prendre (une grande source de rire).
- Faites une randonnée pédestre ou faites l'ascension d'une montagne environnante.
- Prenez le train ensemble pour aller assister à un événement sportif.
- Organisez une chasse au trésor pour votre adolescent et ses amis.

- Rendez-vous dans un magasin de musique et laissez votre adolescent vous instruire sur les genres de musique qu'il préfère.

- Faites une bataille de ballons remplis d'eau par une chaude journée d'été.

Manifestez-vous dans sa vie

Un jour, l'enseignante de mathématiques de Pascal téléphona à ses parents. Elle voulait être sûre qu'ils savaient que leur fils allait recevoir un prix au cours d'une cérémonie le vendredi suivant. Les parents de Pascal en furent stupéfaits. Non seulement n'étaient-ils pas au courant qu'une cérémonie allait avoir lieu, mais ils ignoraient totalement que leur fils allait être récompensé en mathématiques. Sans en parler, ils se sont absentés du travail pour assister à la cérémonie. Qui plus est, ils se sont arrangés pour s'asseoir dans l'une des premières rangées. Au moment où Pascal traversa la scène pour aller chercher son prix, ses parents se levèrent et applaudirent. Surpris, Pascal rougit et sourit en quittant la scène.

Si votre adolescent affirme avec insistance que vous n'avez pas besoin de venir, présentez-vous à l'événement et applaudissez avec enthousiasme. Il se plaindra peut-être de s'être senti gêné devant ses amis, mais secrètement votre adolescent sera ravi. Il peut aussi vous dire qu'aucun autre parent ne viendra prendre des photos, mais insistez sur le fait que vous serez là quand même. Dites à votre adolescent que, bien qu'il n'ait pas besoin que vous y soyez, c'est important pour vous.

Soyez un soutien, une présence constante dans sa vie. Assistez aux tournois, aux pièces de théâtre ou aux événements auxquels il participe. Offrez de votre temps pour préparer la cérémonie de remise des diplômes ou pour servir des rafraîchissements lors d'un événement scolaire. Participez à la vie estudiantine en siégeant au comité d'école ou en vous joignant à une association de parents. Explorez les façons dont vous pourriez aider les enseignants ou la bibliothécaire, vous faire connaître du directeur de l'établissement, des conseillers pédagogiques et des moniteurs. Organisez des ventes de plats cuisinés maison, cousez des banderoles ou créez des pancartes pour une équipe sportive. Partagez la responsabilité du directeur d'équipe avec plusieurs autres parents. Si vous disposez de peu de temps, portez-vous volontaire pour faire des appels téléphoniques ou envoyer des courriels. Organisez un souper spaghetti à la maison la veille d'un événement afin d'apprendre à connaître les autres adolescents qui y participent ainsi que leurs parents.

Invitez à l'événement grands-parents, tantes, oncles et cousins afin de créer un réseau d'appartenance et de favoriser le soutien familial. Essayez d'avoir l'air intéressé et souriez beaucoup, même si vous vous ennuyez ou vous vous sentez fatigué. Agissez comme si c'était un événement unique qu'il ne fallait surtout pas manquer. Une mère, au grand désarroi de son fils, passait son temps à crier «Allez, mon chéri, vas-y !» lorsqu'elle assistait à ses parties de hockey. Pourtant, lors du tournoi provincial, les coéquipiers du garçon demandèrent à sa mère de s'asseoir dans la zone défensive, car bon nombre de leurs parents n'avaient pu assister au match et ils avaient besoin d'encouragements.

Il existe un lien de cause à effet entre l'intensité de votre engagement dans la vie de votre adolescent et son rendement scolaire et personnel. Manifestez-vous, ne serait-ce que pour que votre adolescent se rappelle toutes les fois où vous lui avez montré votre amour sans qu'il ne vous le réclame.

Voici quelques façons de montrer votre soutien.

- Invitez des parents à venir à la maison pour une séance de photos avant une soirée de danse.

- Allez voir une pièce de théâtre à l'école, même si votre adolescent n'y joue pas.

- Soyez le meneur de claques personnel de votre adolescent; soyez-le pour d'autres coéquipiers aussi.

- Assistez à certains événements et jeux organisés par des amis de votre adolescent.

- Attardez-vous à la fin d'un événement ou d'un tournoi, surtout si votre adolescent est dans l'équipe perdante.

- Prenez des photos à tous les événements le concernant.

- Offrez-lui des fleurs ou un cadeau pour célébrer un événement honorifique.

- Lancez-lui des hourras, tapez-lui dans le dos et faites-lui de grandes accolades après chaque événement, qu'il soit public ou familial.

Découvrez une passion partagée

La vie de Matthieu tournait autour de l'école, de ses amis et de sa passion du hockey. En hiver, il allait tous les après-midi jouer à l'aréna locale. Ne voulant surtout pas manquer les matchs de hockey professionnel à la télévision, il les enregistrait tous et les visionnait pendant que la maisonnée dormait. Il portait une tuque et des chandails de hockey aux couleurs de ses joueurs préférés ; il avait tapissé les murs de sa chambre d'affiches de joueurs. Chaque matin, en prenant le petit déjeuner, Matthieu lisait les statistiques les plus récentes dans le journal et en parlait sans arrêt.

Beaucoup de parents peuvent considérer comme une perte de temps la quantité d'énergie et de temps que Matthieu consacre au hockey. Ils pourraient même souhaiter voir leur adolescent abandonner cette « préoccupation » et se concentrer plutôt sur ses études ou sur du travail bénévole. En vérité, de nombreux parents passent à côté d'une chance incroyable d'établir une communication profonde et durable avec leur adolescent par l'intermédiaire d'une passion partagée.

Si vous examinez de près les intérêts de votre enfant, vous trouverez au moins un passe-temps susceptible de vous réunir. Peut-être devrez-vous être l'élève et votre adolescent l'enseignant. Votre enfant vous enseigne quelque chose qu'il vous amène à mieux comprendre : une telle dynamique peut donner naissance à une formidable relation. Par la suite, vous pouvez trouver d'autres moyens d'exploiter votre connaissance du sujet. Si vous étiez le parent de Matthieu, vous pourriez communiquer de diverses façons. Par exemple, vous pourriez essayer de regarder le hockey à la télévision. Pour créer un événement exceptionnel, vous pourriez aller voir ensemble un match professionnel. Vous pourriez donner à votre adolescent l'occasion de souligner les subtilités de ce sport et laisser son enthousiasme vous inspirer. Vous pourriez lire des livres ou trouver des informations sur Internet de manière à être à l'aise pour discuter de tous les aspects du sujet avec votre adolescent. Vous pourriez apprendre à déployer de l'enthousiasme pour ce sport, tout simplement parce que vous aimez votre enfant. L'effort que vous y mettrez révélera à votre adolescent à quel point il est important pour vous.

N'oubliez pas que les meilleures discussions se produisent souvent lorsque votre enfant et vous, êtes engagés dans une activité ensemble. Votre adolescent ne sentira pas de pression et le cours de la conversation sera remarquablement facile. Vous constaterez que vous êtes en mesure de parler d'autres aspects de sa vie, que ce soit de l'école ou de ses amis de cœur.

Vous pouvez choisir de rechercher une activité dans laquelle vous avez tous les deux la même curiosité. Une mère, Béatrice, adorait créer des cartes de souhaits avec des timbres en caoutchouc. Il ne fallut pas longtemps avant qu'elle n'invite sa fille, Joanie, douée pour les arts, à se joindre à elle. Pendant un an, elles ont passé de nombreuses heures joyeuses, assises à la table de cuisine, à concevoir de jolies cartes de souhaits, qui sont maintenant vendues dans des foires d'artisanat. Récemment, Joanie a reçu une commande ferme de cartes, qui seront vendues dans une boutique de cadeaux.

Si vous avez du mal à trouver un passe-temps que vous partagez avec votre adolescent, tracez une ligne au milieu d'une feuille de papier. D'un côté, dressez une liste de tous vos passe-temps et activités préférées. De l'autre côté, dressez la liste des passe-temps et activités préférées de votre adolescent. Mettez en évidence ceux qui sont similaires ou qui correspondent. Si vous ne pouvez trouver des projets communs en ce moment, examinez attentivement la liste de votre adolescent et voyez si vous pouvez trouver quelque chose qui pique votre curiosité. Commencez par aborder votre adolescent avec des questions. Laissez-le percevoir un véritable enthousiasme et un intérêt sincère de votre part en prêtant une attention particulière à ses descriptions et à ses connaissances. Montrez-lui que vous appréciez le temps qu'il a passé à vous expliquer le projet et découvrez les moments où vous pouvez passer du temps ensemble sur ce projet. Confirmez votre passion commune en maintenant votre engagement à partager son enthousiasme.

PARTIE

5

L'indépendance : quand y en a-t-il trop?

Transformez vos repas en souvenirs

N'avez-vous jamais perçu, en entrant dans une pièce, une odeur familière faisant surgir en vous un doux souvenir de votre enfance ? Vous souvenez-vous du temps où vous n'étiez pas tout à fait assez grand pour regarder par-dessus le comptoir pour voir votre mère confectionner des biscuits ? De l'époque où vous montiez sur une chaise pour laver la vaisselle, revêtue d'un tablier trop grand ? En grandissant, vous avez connu de ces repas de fêtes où toute la famille était réunie autour d'une table regorgeant de mets spéciaux. Les éclats de rire fusaient, la bonne humeur régnait et un sentiment de proximité planait sur toutes les personnes présentes. La salle à manger était l'endroit où tout le monde se rassemblait, échangeait et appréciait la compagnie des uns et des autres. Vous pouvez faire en sorte que la cuisine devienne le siège des meilleurs souvenirs de votre enfant, le lieu de ses réminiscences d'amour et de bien-être.

Avec la vie active qui est la vôtre, vous avez peu de temps pour faire la cuisine, encore moins pour montrer à quelqu'un à cuisiner. Les repas se prennent souvent en vitesse au milieu des activités de chacun qui s'échelonnent tout au long de la soirée. Les repas-minute sont monnaie courante et l'alimentation équilibrée relève plus de la chance que de la planification. La vaisselle s'accumule dans l'évier, les casseroles doivent être récurées, ce qui peut rebuter les cuisiniers les plus convaincus.

Invitez votre adolescent dans la cuisine. En cuisinant côte à côte, vous transformerez une corvée en pur plaisir. Votre adolescent peut faire une salade, créer un plat nouveau ou expérimenter différentes épices. Un adolescent avait entrepris de comparer quelques recettes, jusqu'à ce qu'il décide de la meilleure façon de faire cuire le saumon dehors sur le gril. Fier de son succès, il devint, dans la maison, le préposé aux grillades, ce qui plaisait beaucoup à ses parents, particulièrement par temps froid.

Vous consacrez certainement plus de temps que d'habitude à préparer un repas lorsque vous enseignez à votre adolescent à cuisiner, mais l'investissement rapporte des dividendes puisque la relation avec votre enfant s'en trouve consolidée. Commencez par lui montrer à préparer des choses qui l'intéressent. Plus votre adolescent y fera des choses plaisantes pour lui, plus grandes seront les chances de le garder dans la cuisine.

Votre adolescent acquiert des techniques d'organisation à mesure que vous lui apprenez à lire une recette. Montrez-lui comment mesurer un liquide ; expliquez-lui pourquoi il faut être très précis lorsqu'on prépare des pâtisseries alors qu'on peut être plus approximatif lorsqu'on prépare un plat mijoté. Commencez avec des recettes simples qui comportent moins de six ingrédients, comme du poulet rôti ou des brownies. Montrez à votre adolescent comment dresser une liste d'épicerie en y notant tous les ingrédients nécessaires à la préparation du plat. Décrivez-lui un repas équilibré comportant des protéines, des glucides, des légumes et des fruits, de sorte que votre adolescent puisse choisir des recettes de façon judicieuse. Procurez-lui un livre de cuisine comportant des recettes faciles à lire et à faire. Une fois qu'il maîtrise les bases culinaires, faites-le passer à des livres de cuisine plus complexes, à mesure que son assurance, son intérêt et ses compétences s'accroissent. Et, si vous n'êtes pas une personne passionnée de cuisine, vous et votre adolescent pouvez être tous les deux des «apprentis cuisiniers».

Transposez ce sentiment d'appartenance jusqu'à la table de la cuisine et animez la conversation pendant le repas. Faites de vos repas de véritables agapes plutôt que des courses effrénées vers d'autres projets plus pressants. Demandez à votre adolescent comment s'est passée sa journée et accordez-lui toute votre attention. Voici d'autres suggestions pour animer la conversation à l'heure des repas.

- Racontez des histoires drôles.

- Renseignez-vous sur la musique préférée de votre adolescent.

- Démontrez de l'enthousiasme pour ses objectifs et ses rêves.

- Parlez des livres qu'il a lus.

- Discutez avec lui de politique et d'actualité.

- Racontez-vous mutuellement des anecdotes de l'école ou du travail.

Sachez retenir et lâcher prise tout à la fois

Clément avait passé son permis de conduire le matin même et s'apprêtait à partir pour l'école, pour la première fois en voiture. Sa mère accompagna son fils jusqu'à la voiture et lui fit un chaleureux câlin. Plutôt que de lâcher prise, elle le serrait un peu trop fort, sachant qu'avec cette nouvelle liberté, son fils allait entreprendre un nouveau chapitre de sa vie. En lui disant au revoir, elle crispait ses doigts autour des bras de son fils. « Maman, laisse-moi y aller maintenant. – Maman, laisse-moi y aller. Maman ! Tu me sers les bras. Je t'en prie, laisse-moi y aller. » Légèrement amusée, un sourire en coin, la mère de Clément desserra enfin son étreinte et regarda la voiture s'éloigner jusqu'à ce qu'elle disparaisse au loin.

Il existe une ligne ténue entre retenir et laisser partir. D'une part, vous voulez toujours être présent et actif dans la vie de votre adolescent. D'autre part, vous voulez que votre enfant puisse quitter la maison, prendre les bonnes décisions et s'assurer de sa réussite scolaire après le secondaire. Vous vous demandez : « Assez, cela veut dire combien ? Puis-je avoir confiance que mon adolescent prendra de bonnes décisions ? »

Il est naturel que vous vous sentiez protecteur à l'égard de votre adolescent, ne serait-ce que parce que vous avez tenu ce rôle pendant de si nombreuses années. En raison de votre expérience, à la fois comme ancien adolescent et comme parent, vous pouvez anticiper les périls et les dangers possibles, et c'est pourquoi il vous est si difficile de prendre du recul et de lâcher prise. Toutes les décisions que prendra votre adolescent ne seront pas bonnes, mais en permettant à votre enfant de faire des erreurs, vous lui fournissez l'occasion d'apprendre d'importantes leçons de vie dans une relative sécurité.

Imaginez une corde d'attache nouée autour de votre taille. Voyant que votre enfant prend de plus en plus des décisions responsables, vous lui laissez de plus en plus de corde jusqu'à ce que vous vous sentiez suffisamment à l'aise pour dénouer le cordon autour de votre taille, confiant que votre enfant fera son chemin sans problèmes. En encourageant votre adolescent à avancer par lui-même, vous favoriserez l'émergence de son esprit courageux.

Tandis que votre adolescent grandit et change, vous avez aussi votre propre crise de l'âge adulte ; il vous faut déterminer ce que vous ferez de votre avenir. Voyant de plus en plus de temps libre se profiler à l'horizon, vous voudrez peut-être réfléchir aux changements qui s'opéreront dans votre vie prochainement. Repensez aux choses que vous vous étiez promis de faire une fois que les enfants seraient élevés. Peut-être songerez-vous à suivre quelques cours, à adopter un nouveau passe-temps ou à changer de carrière.

Vous pourriez même vouloir faire un voyage avec votre conjoint pour réapprendre à communiquer et célébrer cette nouvelle étape de votre mariage.

Lorsque vous vous sentez angoissé en pensant à l'avenir de votre enfant, commencez par dresser une liste de ce dont il aura besoin au collège ou dans son premier appartement. Faites des recherches et parlez à d'autres parents d'adolescents. Puis, peu à peu, commencez à acheter ces articles, tout comme vous l'avez fait lorsque vous étiez à préparer la naissance de votre enfant. Pensez aux colis-surprises que vous pourriez lui envoyer, remplis de gâteries ou des photos préférées de la famille. Vous pouvez lui écrire une courte note pour chaque jour du premier mois suivant son départ, afin d'écarter la nostalgie habituelle des étudiants de première année.

Félicitations ! Vous avez élevé un adolescent, conservé votre santé mentale et vous voilà en train d'étreindre cet enfant qui s'apprête à voler de ses propres ailes. Il passe maintenant de la dépendance à l'interdépendance. Vous pourrez désormais l'infléchir avec de l'amour, pas avec la férule – néanmoins, les biscuits peuvent encore vous aider !

Ayez le courage d'encourager l'indépendance

Le père de Simon fit une grande accolade à son fils après avoir déposé un dernier carton dans sa chambre à la résidence universitaire. «Je suis tellement fier de toi, mon garçon, lui dit son père en étouffant ses larmes, tu es un enfant formidable. Je sais que tu vas bien te débrouiller ici.» Puis son père est redescendu dans le hall. «Au revoir, papa, murmura Simon, tu vas me manquer aussi.» Si dur que fût ce moment, le père de Simon savait qu'il avait fait de son mieux pour préparer son fils à prendre en charge sa propre vie en dehors de la famille.

Élever un adolescent pour le rendre autonome demande beaucoup de courage et de détermination. Cela exige que vous cédiez progressivement les commandes à votre adolescent et que vous le guidiez dans son cheminement plutôt que de décider pour lui. Ces années peuvent être préoccupantes : vous vous demandez peut-être si vous pouvez avoir confiance qu'il agira dans le bon sens.

En lui accordant de plus en plus d'indépendance maintenant, vous aurez de moins en moins d'appréhension à le voir s'éloigner de votre œil vigilant. Encouragez-le à trouver un emploi et apprenez-lui à gérer de l'argent. Amenez-le à la banque, faites-lui ouvrir son propre compte d'épargne et apprenez-lui à vérifier le solde de son compte. Demandez à votre adolescent de déposer une bonne partie de ses revenus dans un compte d'épargne, que ce soit en prévision de ses études universitaires et pour parer aux situations imprévues. Montrez-lui à préparer et à suivre un budget mensuel, de sorte qu'il saura joindre les deux bouts lorsque l'argent se fera rare.

Pour encourager son indépendance d'esprit, asseyez-vous avec lui et travaillez à dresser une liste d'épicerie, puis rendez-vous ensemble au magasin pour lui montrer la façon de comparer les prix et les produits et lui apprendre à lire les étiquettes. Et n'allez pas vous arrêter en si bon chemin. Demandez à votre adolescent de rentrer l'épicerie et de la déballer. Expliquez-lui comment laver les fruits et les légumes avant de les ranger au réfrigérateur et mettre la viande au congélateur sans tarder.

Ouvrez votre boîte de couture et sortez-en une grande aiguille à coudre que votre adolescent enfilera et utilisera pour poser un bouton. Montrez-lui à repasser ses propres chemises et habituez-le à aller porter des vêtements chez le nettoyeur. Indiquez-lui comment faire sa lessive et assurez-vous qu'il sépare les vêtements foncés des vêtements pâles. Habituez votre adolescent à appeler un taxi, à faire réparer un appareil électroménager ou à prendre rendez-vous chez le dentiste et le médecin. Montrez-lui comment se soigner lorsqu'il a une fièvre ou un rhume.

Aidez-le à développer sa confiance en lui-même et sa débrouillardise de manière à ce qu'il puisse gérer adéquatement sa vie quotidienne et être en mesure de faire face aux dilemmes qui parsèmeront sa vie. Félicitez-le lorsqu'il essaie quelque chose, aidez-le à se relever lorsqu'il échoue. Récompensez-le pour son indépendance croissante à mesure qu'il expérimente toutes ces tâches et applaudissez ses réussites. Soutenez votre adolescent sans apporter de réponse lorsqu'il affronte de nouveaux défis. Amenez votre adolescent à prendre lui-même la responsabilité d'explorer toutes les options pour tenter de résoudre ses propres problèmes et à ne se tourner vers vous qu'après avoir épuisé toutes les ressources.

Ayez foi en la capacité de votre enfant de conserver les valeurs que vous lui avez inculquées. Soyez convaincu que votre adolescent est fort et capable. Ayez confiance dans le processus d'épanouissement, en vous disant que c'est la tâche de votre adolescent de quitter le nid familial et d'entreprendre une vie autonome. Apprenez-lui à ne pas abandonner lorsqu'une situation semble désespérée et à être courageux lorsqu'il se sent esseulé. Le jour où vous laisserez partir votre enfant, faites en sorte qu'il ait déjà goûté à son premier sentiment de liberté.

Récompensez l'autonomie croissante

Le père de Sacha avait fait son baccalauréat dans un prestigieux collège et envisageait que son fils fréquente le même collège. Comme le temps de visiter les campus approchait, le père de Sacha programma avec enthousiasme une visite à son ancien collège. Mais Sacha était hésitant et finit par décliner l'invitation. Il était difficile pour son père de renoncer à son rêve, mais il a compris. Sacha voulait tracer son propre chemin, sans devoir demeurer dans l'ombre de son père.

Établir son individualité constitue une étape importante vers l'indépendance affective et psychologique ; c'est un processus nécessaire qui peut être stressant à la fois pour vous et pour votre adolescent. À certains moments, il peut vous sembler que votre enfant vous tourne le dos et rejette vos valeurs. Si vous portez des vêtements bon chic bon genre, il peut décider d'adopter le style grunge. Sa chambre peut être un fouillis, ses vêtements mal assortis et ses cheveux trop longs, mais cette rébellion est le signe que votre enfant se développe normalement. Il est en train de découvrir ce en quoi il croit et ce qui est important pour lui. Au moment où vous croyez que votre adolescent est en train de jeter toutes vos valeurs par-dessus bord, vous apercevez une lueur d'espoir : au bout du compte, tout ira bien pour lui.

Laissez savoir à votre adolescent qu'avec l'autonomie viennent de nouvelles responsabilités, et non des droits. Dites-lui que vous allez augmenter ses privilèges à mesure qu'il prendra de nouvelles responsabilités. Ce pourrait être de travailler dix heures par semaine ou de maintenir un dossier de conduite automobile vierge. Vous pourriez lui demander de commence à payer la location de ses propres films ou ses repas au restaurant. Attribuez-lui des corvées supplémentaires pour augmenter son éthique de travail ou confiez-lui la charge de certaines tâches ménagères qui amélioreront sa capacité à vivre de façon autonome.

Vous avez comme mission d'apprendre à votre adolescent à devenir autonome. C'est un processus qui a commencé il y a déjà de nombreuses années, mais qui prend un nouveau sens à mesure que votre enfant avance dans l'adolescence. Faites-lui comprendre que pour que vous puissiez lui faire confiance, son comportement et ses choix doivent être prévisibles. À mesure que les mois passent et que votre adolescent démontre un sens constant des responsabilités, diminuez vos exigences à son égard. S'il rentre à l'heure et vous tient au courant lorsque des imprévus surviennent, vous pouvez repousser l'heure du couvre-feu lors de circonstances spéciales. Dites-lui que vous avez remarqué qu'il a fait de bons choix et que vous avez décidé de lui laisser plus d'autonomie dans sa vie quotidienne. Laissez-lui savoir que les choix qu'il fait ont une incidence sur autrui.

Soyez cohérent et évitez la domination psychologique. Permettez-lui de gérer lui-même ses responsabilités, mais, s'il manque à ses devoirs, rétablissez les anciennes règles. Toute entorse aux règles est un signe clair que votre enfant n'est pas prêt à assumer tant d'autonomie.

Vous avez pour objectif d'élever un être indépendant capable de faire des choix qui auront des répercussions positives sur son avenir. Il faut beaucoup d'énergie pour se séparer des siens. Donnez à votre adolescent un parachute. Voici la marche à suivre pour commencer.

- Rappelez-vous votre propre adolescence – aussi bien vos craintes que vos espoirs.
- Augmentez les responsabilités de votre adolescent face à lui-même et à l'égard de la famille.
- Fournissez-lui les moyens de résoudre des problèmes et de prendre des décisions sûres.
- Aidez votre adolescent à reconnaître les situations dangereuses.
- Encouragez-le à réfléchir sur les décisions à prendre, sur les choix qui s'offrent et sur les conséquences possibles.

Entretenez la résilience

Anthony avait été un bébé irritable et un bambin capricieux. Sa mère avoua que, souvent, en entendant son enfant hurler à fendre l'âme, elle se demandait si Anthony ne progresserait pas mieux dans une autre famille. À l'école primaire, Anthony subissait les brimades et les railleries. Il était le dernier à être choisi dans des jeux et le premier à faire rire de lui. En milieu du primaire, Anthony battit en retraite ; il n'avait à vrai dire aucun ami. Pourtant, la mère d'Anthony n'a jamais abandonné la partie. Pendant tout le secondaire, elle aidait son fils chaque soir à passer au travers sa montagne de devoirs et l'encourageait à adhérer à des activités après la classe. Lorsqu'Anthony arriva au collège, il était timide, mais confiant. Aujourd'hui, Anthony est un excellent psychiatre qui traite des adolescents et des enfants. À la faculté de médecine, on a découvert qu'il présentait un trouble déficitaire de l'attention.

Plus que jamais, la résilience est nécessaire à votre adolescent afin qu'il puisse se prémunir contre les tumultes et les tensions du monde. La résilience est la capacité d'affronter les défis dans l'adversité ; elle permettra à votre adolescent de faire face à la vie et lui insufflera l'espoir de parvenir à un avenir remarquable. Acquise au fil du temps, la résilience forge un esprit solide qui ne se laisse pas vaincre par les difficultés et les déceptions. Il n'est jamais trop tard pour cultiver la résilience.

Les recherches ont démontré que les adolescents ont besoin d'au moins un adulte qui se préoccupe d'eux et les accepte inconditionnellement. Cela s'ajoute au message souvent entendu que les adolescents qui traversent des difficultés acquerront du courage s'ils n'abandonnent pas la partie. Vous pouvez être cette personne qui lui donne du courage. Votre chaleureuse relation parent/enfant donne à votre adolescent la motivation de réussir et de faire face à l'adversité. La qualité de votre soutien révélera à votre enfant qu'il a de la valeur et qu'il est important pour vous. Votre adolescent résilient en viendra à croire qu'il est quelqu'un d'utile. Il sera capable d'agir indépendamment de ses pairs sans se laisser prendre par la complaisance d'autrui ni se laisser influencer par ce que l'on pense de lui. Votre adolescent n'apprendra pas seulement à apprécier son individualité: il reconnaîtra ses talents et les fera fructifier.

En devenant le conseiller de votre enfant, vous pouvez lui apprendre à distinguer une question à débattre d'un problème à régler, et à découvrir des façons créatives d'affronter à la fois ces questions et ces problèmes. Apprenez-lui à relativiser les choses en abordant des situations négatives de façon plus positive et en percevant les erreurs non pas comme des échecs, mais comme faisant partie du processus d'apprentissage. Amenez-le à affiner sa pensée critique en évoquant les problèmes mondiaux et en discutant des résolutions possibles. Demandez-lui «que ferais-tu?» sans proposer de réponses.

Encouragez votre adolescent à participer à au moins deux activités ou projets après la classe. Si les options qui s'offrent à lui sont limitées, proposez-lui de faire plutôt du bénévolat communautaire dans un nouveau domaine chaque semestre. En donnant de son temps et de son énergie, votre adolescent alimentera son sentiment d'appartenance et acquerra des compétences sociales qui lui dureront toute la vie. N'abandonnez jamais. La résilience s'apprend et vous êtes la personne qui l'enseigne.

DANS UNE MAISONNÉE QUI FAVORISE LA RÉSILIENCE :

- on ne porte pas de jugement
- on relève des défis
- on cultive l'espoir
- on est respectueux
- on a des objectifs
- on est optimiste
- on est empathique
- on est confiant
- on est conscient
- on est patient
- on est créatif
- on est débrouillard
- on est encourageant
- on résout des problèmes

Transformez la peur en action

Pour de nombreux parents, l'adolescence peut être une période parsemée d'appréhension. Vous surveillez moins votre adolescent qu'auparavant et celui-ci jouit de plus en plus de liberté. À certains moments, vous avez l'impression de descendre une pente en ski sans vos bâtons. Vous croyez que cette aventure se terminera bien, mais vous retenez encore votre souffle lorsque vous pensez à ce qui pourrait arriver.

La peur peut être un obstacle pour les parents et les adolescents. Certains parents deviennent plus protecteurs que d'habitude et d'autres essaient autant que possible de ne pas penser à ce qui pourrait aller mal. Le fait est que le monde a toujours été un endroit dangereux, mais la plupart des adolescents s'en sortent en dépit de nos appréhensions. La différence entre les adolescents qui réussissent bien et ceux qui pataugent réside dans leur degré respectif d'ingéniosité et d'habileté à résoudre des problèmes.

Jouez à « Que ferais-tu » avec votre adolescent. « Que ferais-tu si tu avais une crevaison ou une panne d'essence ? » « Dis-moi ce que tu devrais faire si tu te sentais mal à l'aise à une fête. » « Et s'il n'y a personne à la maison lorsque tu téléphones ? Que feras-tu alors ? »

Variez vos questions et soyez de plus en plus précis à mesure qu'augmente la capacité de votre adolescent de résoudre des problèmes. Vous pouvez demander : « Si tu bavardais sur le Web et qu'une nouvelle personne apparemment intéressante commençait à communiquer avec toi, que ferais-tu ? Et quelle serait ta première réaction si cette personne voulait te rencontrer ? Que ferais-tu si tu avais un rendez-vous amoureux et que les choses allaient plus vite que tu ne l'aurais souhaité ? » Si votre enfant n'est pas en mesure de donner des réponses satisfaisantes à ces questions, entreprenez de développer sa logique et son raisonnement.

La débrouillardise est une façon de penser. Vous êtes la personne la plus proche et la plus crédible que votre adolescent connaisse ; à ce titre, vous pouvez l'aider à acquérir la capacité d'inventer des stratégies lui permettant de se sortir de situations difficiles. Présentez-lui des scénarios réalistes auxquels il peut s'identifier et demandez-lui de vous décrire chaque étape qu'il estime devoir suivre pour résoudre le problème. S'il lui arrive de bloquer sur une étape, proposez-lui deux ou trois choix possibles, pas plus, pour dénouer l'impasse.

Lorsque votre adolescent rencontre une situation nouvelle dans sa vie, demandez-lui ce qu'il aurait pu faire différemment et de quelle manière cela aurait pu influer sur le résultat. Confiez-lui des épisodes difficiles de votre vie et racontez-lui comment vous vous y êtes pris pour vous en sortir. Ou bien racontez-lui des anecdotes où vous avez manqué de débrouillardise et demandez-lui ce qu'il aurait fait à votre place pour éviter la pagaille.

Toutes les décisions que votre adolescent prendra ne seront pas bonnes, quel que soit le nombre de cas ou d'anecdotes que vous puissiez lui présenter. Si votre adolescent est aux prises avec une situation difficile, dites-lui de tracer une ligne au milieu d'une feuille de papier. D'un côté, il énumère les problèmes, de l'autre, il dresse une liste des solutions possibles après avoir fait un remue-méninges. Ensuite, demandez-lui de classer les solutions en ordre numérique, de la meilleure à la pire. De plus, une fois que votre adolescent a décrit une difficulté qu'il a éprouvée, demandez-lui de classer les solutions au problème sur une échelle d'un à cinq, cinq étant la meilleure note. Soyez cohérent dans l'utilisation de l'échelle de notation lors de la résolution de problèmes et donnez à votre enfant de la rétroaction et des encouragements lorsque les solutions sont judicieuses.

Voici quelques façons d'augmenter le degré de débrouillardise de votre adolescent.

* Apprenez-lui à changer un pneu et à faire démarrer la voiture en la poussant ; indiquez-lui à qui faire appel après un accident de voiture.
* Montrez-lui comment laisser un pourboire aux serveurs dans un restaurant.

- Faites en sorte qu'il sache comment chercher un taxi ou comment consulter un horaire d'autobus.

- Parlez-lui des différentes façons de postuler un emploi et de le conserver.

Perpétuez des traditions

Les traditions définissent ce que vous êtes en tant que famille et rattachent votre passé à votre présent. C'est grâce aux traditions que votre famille souligne les anniversaires, les fêtes et les points tournants de la vie. Vous renforcez le lien familial avec chaque tradition que vous perpétuez ; le souvenir d'ambiances, d'odeurs et de saveurs irremplaçables est un fil conducteur qui relie les générations.

Vous pouvez ne pas même vous être rendu compte que vous aviez créé ces coutumes, jusqu'à ce que vous essayiez de faire les choses différemment ! Les odeurs de pain d'épices émanant du four annoncent à la famille que les fêtes de fin d'année approchent. Des dizaines de bonshommes de pain d'épice cuisent au four et seront bientôt décorés ; l'odeur alléchante se répand dans toute la maison. Dans une autre famille, l'on prend une « première photographie », que l'on accroche ensuite au mur avec toutes les photos de « premières » de la famille.

Emmaillotez votre famille dans une couverture de sécurité en établissant des traditions.

PLACEZ UNE BOUGIE À LA FENÊTRE. Les membres de votre famille qui sont au loin sauront que vous vous souciez d'eux et que vous attendez leur retour.

ALLUMEZ UN FEU DANS LE FOYER. Faites de votre maison un refuge au milieu de la tempête. Par les froides soirées d'hiver, allumez un feu afin de créer un sentiment de chaleur et de sécurité.

ATTACHEZ UN RUBAN JAUNE. Souhaitez la bienvenue aux membres de votre famille qui rentrent à la maison après avoir été absents un long moment.

ANNIVERSAIRES. Rendez toute cette journée spéciale. Placez une pancarte dans la cour de l'école pour souhaiter un joyeux anniversaire à votre adolescent, confectionnez son gâteau préféré, lavez sa voiture, collez dans son miroir une note sur laquelle il est écrit « Nous sommes si contents que tu sois né ! ».

SAINT-VALENTIN. Confectionnez des biscuits en forme de cœur ou un gâteau Forêt-Noire. Ajoutez du colorant alimentaire rouge sur tous les mets d'accompagnement lors du dîner ou formez un cœur sur la neige en y saupoudrant de la poudre de gelée rouge.

PÂQUES. Remplissez des petits œufs en plastique de cartes-cadeaux échangeables ou de pièces de monnaie et cachez-les. Jouez à un jeu du lancé des œufs ou décorez des œufs à la coque avec des paillettes ou des rubans. Saupoudrez de la farine près de la porte d'entrée pour former des empreintes de lapin ou garnissez un panier de Pâques de friandises et envoyez-le à votre enfant au collège.

REMISE DES DIPLÔMES. Créez un tableau souvenir comportant des photos de votre enfant à toutes les périodes de sa vie ou visionnez des vidéos maison de votre enfant depuis sa naissance jusqu'à maintenant. Écrivez-lui une lettre personnelle pour souligner l'obtention de son diplôme ou préparez-lui un colis comportant un coffre d'outils miniatures, une trousse de couture et une trousse de premiers soins pour son entrée au collège.

FÊTE NATIONALE. Allez tous ensemble voir passer le défilé, puis allez pique-niquer dans un parc. Prévoyez un menu réjouissant. En soirée, étendez-vous sur des couvertures et regardez les feux d'artifice. N'épargnez pas les oh! et les ah! pour exprimer votre plaisir!

ACTION DE GRÂCE. Au dîner, demandez à chaque personne d'exprimer ce pour quoi elle est reconnaissante. Confectionnez des rouleaux au beurre et à la cannelle avec des retailles de pâte à tarte. Attachez à une corde un épi de maïs pour chaque membre de la famille et clouez cette guirlande d'épis sur la porte d'entrée.

NOËL. Faites jouer de la musique de Noël tout en décorant la maison; organisez une journée spéciale pour défaire l'arbre de Noël après les fêtes. Remplissez des chaussettes de cadeaux inhabituels, étalez un casse-tête à faire pendant les vacances, tressez des couronnes avec des bouts de branches de sapin. Confectionnez et décorez une maison en pain d'épice.

NOUVEL AN. Préparez un repas spécial pour le réveillon. Ayez des chapeaux de fête et des mirlitons ; à minuit, visionnez la revue de fin d'année à la télévision.

Il était une fois...
Devenez le jardinier de
l'arbre généalogique

Depuis son tout jeune âge, Manon avait entendu d'innombrables histoires sur les générations de femmes fortes qui s'étaient succédé dans sa famille. Elles avaient survécu à des ouragans, à des guerres et à la perte de bébés et d'êtres chers. Dans tous les cas, chacune de ces femmes avait triomphé de l'adversité. Et, chaque fois qu'elles étaient tombées, elles s'étaient relevées d'elles-mêmes et avaient persévéré, plus fortes qu'avant. Manon a grandi en sachant avec une certitude inébranlable qu'elle aussi était forte et appartenait à une lignée de femmes qui n'ont pas fait que survivre, mais qui ont réussi.

Votre adolescent est un collage d'histoires familiales, de traditions et de souvenirs constitués d'un amalgame de légendes et de vérités, d'amour et de pardon. Pour devenir le gardien de phare, l'historien et le ciment de la famille, vous devez d'abord choisir un thème positif pouvant être accolé à la famille. Voici quelques exemples de thèmes familiaux communs : triompher de l'adversité, persévérer devant l'épreuve, améliorer la vie d'autrui lorsqu'on est bien nanti. Quel que soit le thème que vous choisissiez, appliquez-le à votre propre histoire familiale. Même dans les familles les plus dysfonctionnelles, vous pouvez trouver des actions positives qui illustreront votre thème. Raconter des histoires est une façon non intimidante d'inculquer les valeurs de personnes que votre adolescent connaît ou dont il a entendu parler au fil des ans. Ces sagas auront tôt fait d'être intégrées dans sa propre histoire personnelle, de sorte que ces ancêtres se mélangeront aussi bien à son passé qu'à son futur.

Soyez le troubadour, le mage et le conteur. Commencez tôt et insérez dans la trame de ces histoires des expériences exaltant la force, la compassion, la sagesse et la bonté. Laissez les racines de votre adolescent s'enfoncer profondément dans le sol et se nourrir de ceux dont il est issu, pour l'aider à devenir ce qu'il doit être.

Tout le monde a besoin d'un héros ou d'une héroïne. Trouvez-en un ou deux dans la famille et dites à votre adolescent à quel point il ressemble à ces héros en faisant ressortir les ressemblances qui existent entre lui et eux. Ces similitudes peuvent se rapporter à l'ambition de votre adolescent, à son humour ou à sa manière d'affronter un problème. Façonnez une légende à succès pour aider votre adolescent à découvrir à qui il est éternellement lié et à apercevoir le héros en lui-même.

Passez en revue vos vieilles photos et créez une légende visuelle. Montez un album par ordre chronologique et collez une petite légende sous chacune des photos. Soulignez les séquences de la vie de votre adolescent et indiquez quelles personnes étaient présentes au cours de ces périodes. Votre adolescent sera captivé par ces histoires grâce auxquelles vous lui faites connaître le riche patrimoine familial. Explorez votre ascendance et créez un arbre généalogique pour susciter la curiosité. Faites un voyage avec votre adolescent et aller voir la maison où vous avez grandi et les prés où vous alliez jouer. Connaître ces accomplissements et ces périls liera à jamais votre adolescent à sa famille et générera en lui un sentiment d'appartenance.

Parlez à votre enfant des personnages qu'il regarde. Une adolescente qui étudiait en administration des affaires changea d'orientation et décida de s'inscrire au programme de psychologie. Elle dit à son père : « Je ne sais pas pourquoi, mais j'ai simplement le sentiment que je dois consacrer ma carrière à aider les autres. » Son père, qui était lui-même dans le domaine des affaires, passa un temps considérable à expliquer à sa fille comment elle pouvait aider les gens dans ce domaine d'activité. Malgré les arguments encourageants du père, toutes les années à écouter des histoires d'aïeux qui avaient combattu dans les guerres, travaillé dans des orphelinats et soigner des malades dans des régions éprouvées avaient créé chez cette adolescente un besoin de perpétuer la tradition.

Votre famille constitue le cadre de vie de votre adolescent. Cet héritage va lui apprendre à léguer quelque chose à quelqu'un d'autre dans la famille. Lorsque vous choisissez de donner la vie, vous choisissez également de développer l'esprit humain qui enrichit cet être que vous avez engendré. Vous souhaitez amener votre adolescent à devenir un membre de la famille productif et responsable. Il apprendra de vos enseignements et découvrira la grande joie de savoir pourquoi il est ici-bas.

Aucun endroit n'égale le nid familial

Le matin de sa première journée à l'école primaire, Guillaume était au bord des larmes lorsque sa mère l'a embrassé en lui disant au revoir. Celle-ci sourit avec compassion, se pencha sur son enfant et déposa un baiser dans la paume de sa main. Refermant la main de son enfant, elle lui dit : « Chaque fois que tu auras peur, Guillaume, ouvre la main et dis-toi que je suis là. » Douze ans plus tard, Guillaume, un adolescent de 1,88 mètre (6 pi et 2 po), entrant au collège, devait se plier en deux pour étreindre sa mère. Enlacée par son fils, la mère de Guillaume pouvait sentir son corps trembler. Tout comme jadis, sa mère prit doucement la grande main de son enfant et y a déposé un doux baiser. Souriante, les larmes aux yeux, elle chuchota « Guillaume, je suis toujours avec toi. »

Dans la société mobile actuelle, vous avez peut-être vécu dans de nombreuses maisons, mais vous représentez le « nid familial », nid qui vous suit où que vous alliez. Votre foyer est un havre dans lequel votre adolescent peut venir se réfugier lorsqu'il a besoin de réconfort, d'amour et d'approbation. Vous êtes et vous serez toujours la source d'influence numéro un dans la vie de votre adolescent. Il se sent en sécurité à la maison, bercé par les souvenirs des fêtes qui s'y sont passées et de l'affection qu'il y a toujours reçue. Même si la pression est forte pour qu'il devienne autonome, il est encore incertain et a un peu peur de ce qui l'attend.

Votre adolescent a besoin de votre amour et de votre attention tout autant qu'il en avait besoin lorsqu'il était petit. Vous lui fournissez un filet de sécurité lorsqu'il se sent désemparé ou déprimé. Grâce à votre dévouement et à votre engagement à faire régner l'amour, la paix et l'harmonie dans votre foyer, vous procurez à votre enfant un endroit sûr où il peut être lui-même sans faux-semblants ni prétention. Votre famille est l'un des groupes auxquels votre adolescent sait avec une certitude absolue qu'il appartient.

Même s'il semble les refuser, votre adolescent trouve un réconfort dans les normes que vous avez définies et les rituels que vous avez établis. Il se sent en sécurité, sachant que ses anniversaires seront célébrés, ses vacances joyeuses et son bien-être votre première priorité. Votre adolescent sait lesquels de ses agissements seront appréciés et lesquels seront remis en cause. Il sait bien que sa chambre l'attend lorsqu'il est au loin et que vos bras chaleureux l'étreignent lorsqu'il est triste. Et il a découvert pendant toutes ces années de compréhension et de soins attentifs que tous les jours de sa vie ne seront pas heureux, mais que demain, ça ira mieux.

Au sein de votre foyer, il a bien appris à demander ce dont il avait besoin et à donner sans rien attendre en retour. Il a appris à percevoir ses erreurs comme des expériences d'apprentissage, à se relever après avoir chuté et, surtout, à essayer de nouveau.

La persévérance est devenue une vertu et l'intégrité son plus grand attribut. Grâce à votre plaidoyer constant, votre adolescent pense que tout est possible s'il se concentre sur son objectif ; il sait qu'avoir du caractère permet d'aller bien au-delà de la simple gentillesse.

Vous avez créé un foyer de compassion, de courage et d'espoir. Pour communiquer avec votre adolescent, vous avez travaillé fort afin de comprendre comment vous pourriez être le meilleur parent possible. Sans égard aux défis à relever, vous abordez ces années d'adolescence avec la conviction qu'en décorant votre foyer d'amour et de joie de vivre, vous en faites la pierre de touche de votre adolescent avant son départ pour le vaste monde, le havre où il pourra jeter l'ancre lorsqu'il aura besoin de tranquillité.